XINGCHENG KEXUE
JIANGTANG JIANGZUO JINGXUAN

星城科学讲堂
讲座精选

编委会主任◎李范坤

主　　编◎徐　佳

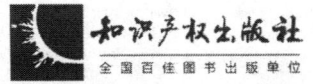
知识产权出版社

全国百佳图书出版单位

图书在版编目（CIP）数据

星城科学讲堂讲座精选/徐佳主编．—北京：知识产权出版社，2017.8
ISBN 978 - 7 - 5130 - 5020 - 3

Ⅰ.①星…　Ⅱ.①徐…　Ⅲ.①科学知识—普及读物　Ⅳ.①Z228

中国版本图书馆 CIP 数据核字（2017）第 168538 号

内容提要

本书的 12 篇文章是国内部分科学院院士及专家在"书香长沙·星城科学讲堂"举行讲座的讲稿。讲座内容涵盖化学对人类文明、健康及社会进步的贡献，智能家居的独特魅力，3D 打印技术，智能宜居环境，地震的相关知识及防震减灾，以及食品安全与营养健康，科学养生知识，等等。这些院士及专家以大众化的语言，从大众身边的事情、大众关心的事情以及大众习惯的方式谈科学问题，使科学知识变得通俗易懂，真正融入大众学习、生活和工作的方方面面。

责任编辑：张水华　　　　　　　　　　　　责任出版：孙婷婷

星城科学讲堂讲座精选

徐佳　主编

出版发行：知识产权出版社 有限责任公司	网　　址：http：//www. ipph. cn
社　　址：北京市海淀区气象路50号院	邮　　编：100081
责编电话：010 - 82000860 转 8389	责编邮箱：miss. shuihua99@ 163. com
发行电话：010 - 82000860 转 8101/8102	发行传真：010 - 82000893/82005070/82000270
印　　刷：北京中献拓方科技发展有限公司	经　　销：各大网上书店、新华书店及相关专业书店
开　　本：787mm×1092mm　1/16	印　　张：10. 25
版　　次：2017 年 8 月第 1 版	印　　次：2017 年 8 月第 1 次印刷
字　　数：200 千字	定　　价：39. 00 元
ISBN 978 - 7 - 5130 - 5020 - 3	

序

科技创新、科学普及是实现创新发展的两翼。科学的种子，是为了人民的收获而生长的。科技工作者通过探索和创造所取得的成果，只有通过广泛普及才会影响社会观念，变成社会劳动技能，才能形成强大的力量，才能带给人们真实的幸福。

科技工作者的使命不仅是探索学科前沿的新发现，创造出新的技术，而且还应向大众普及科学知识，提高大众科学素养。要做到这一点，就需要像星城科学讲堂这样的平台，为科技工作者与大众面对面交流、为科技成果的大众化分享创造机会。每次参加星城科学讲堂，我都被广大听众朋友的积极参与和热烈响应所感动，也很欣慰科学普及工作在长沙受到了如此的高度重视。

改变世界的前提是理解世界。科学就是帮助人们理解世界的最好途径，因为科学总能把人们看起来很复杂的事情说得很浅显和明白，这恰好也就是科普工作的重要意义所在。星城科学讲堂已经迈开了科普的坚实步伐，它以贴近百姓生活、关注社会热点、打造科普宣讲平台为活动宗旨，以大众化的语言，从大众身边的事情、大众关心的事情以及大众习惯的方式来谈科学的问题，使科学变得通俗易懂，真正融入大众学习、工作、生活的方方面面。广大听众的热烈响应、坦诚提问和积极建言，为星城科学讲堂增色不少。现在，主办单位又将精选的讲稿集结出版（本书中目录按讲座举办的时间先后排序），讲堂的影响力定将不断扩大。

科学普及是一项需要长期坚持的工作，衷心希望星城科学讲堂能始终带着强大的动力和责任感，将更多的科学知识带到大众身边，普及科学知识、弘扬科学精神、传播科学思想、倡导科学方法，在全社会推动形成讲科学、爱科学、学科学、用科学的良好氛围，使蕴藏在人民中间的创新智慧充分释放，创新力量充分涌流。

是为序。

本书编委会
2017 年 5 月

目　录

地震灾害及防震减灾

李耀庄[1]

中国古老的诗歌集《诗经·小雅》的《十月之交》里描写了关于地震的情况。这次地震发生在公元前 700 多年，也就是说我国对地震历史的研究、记载或记录已有几千年了。

对于地震，我们有很多疑问。下一次特大地震将发生在哪里？中国会不会像日本一样发生大海啸？汶川地震为什么会造成那么多的人员伤亡和财产损失？地震可以预防吗？地震可以预报吗？地震时怎么逃生？如何自救和互救？这些都是大家关心的问题。在网络上经常看到，有些人说哪个国家地震可以预报，甚至我国古代，张衡在公元 132 年就发明了地动仪，他们都能预报，为什么我们现在的科学家却预报不了？针对这些问题，能够给予解答的，我将在后面一一进行讲解。

一、地震的基本知识

众所周知，自 2004 年日本发生地震和海啸以来，汶川地震、海地地震、日本地震等 8 级以上的地震发生了很多次。2011 年日本特大地震发生

---

[1] 作者简介：李耀庄（1970—），男，教授，博士生导师，中南大学土木工程学院副院长，注册安全工程师，一级安全评价师，湖南省第三届安全生产专家委员会专家，全国消防标准化技术委员会建筑构件耐火性能分技术委员会委员，中国建筑学会建筑防火综合技术分会结构与建材专业委员会副主任委员，教育部高等学校教学指导委员会实验室建设指导委员会委员，中南大学土木工程实验教学中心国家级示范实验室主任，主要从事工程结构抗火和抗震的教学和科研工作。

在海上，引发了海啸，所产生的灾害非常之大，到目前为止，福岛核电站出现的问题都没有解决。1960年，智利发生了一次超大地震，它的震级是9.5级，连续发生的时间是5月21日到6月23日，总共发生了225次，8级以上的地震是3次。这次地震造成了3次大的滑坡，滑坡的体积分别为300万立方米、600万立方米和2000万立方米。当时有一个叫兰奇胡亚的湖泊，地震产生的滑坡使湖水上涨24米，淹没了一个城市，而这个城市距离兰奇胡亚湖泊有65公里，也就是距离震中65公里，当时市里的水深2米。智利是南美洲的一个国家，地震横扫太平洋以后，海啸波及俄罗斯、日本、中国、菲律宾，最远距离大概有1.7万多公里，日本当时也有很大的损失。海啸的速度大概为600~700公里每小时。1.7万多公里的距离，传播的时间应该是很长的，如果有很好的海啸预警系统的话，完全可以避免人员伤亡。

自2004年到2007年，发生了多次特大地震，这些特大地震给人们的生命和财产造成了很大的损失。

下面介绍一些地震方面的基本知识。第一个就是震源，震源可能是在地震深处的某一个地方，正对着地面的地方是震中，震源和震中之间的距离叫作震源深度，围绕震中的圆圈（可能是椭圆，也有其他形状）分很多震区。地震有两个非常重要的概念，一个是地震的震级，震级是度量地震大小的主要因素，震级表示震源释放能量的大小。另一个是烈度，烈度是指地震的时候在一定地点震动的强烈程度。

一个地震只有一个震级，但是一个地震的烈度有很多个。打个比方，一个灯泡本身所具有的功率是确定的，就相当于地震的震级，而离灯泡不同距离的亮度是不一样的，就好比地震的烈度，地震对建筑物破坏的程度是不一样的，这个就是烈度。所以震级和烈度是两个概念。

在距离震中越近的地方烈度越高，离震中越远的地方，它的烈度就越低。如果以震源为圆点画一些圆圈，一般来说越往外烈度会逐渐降低。但是，事实上由于地质构造不同，烈度不可能是一个圆圈。将一次地震中地震烈度相等的点联系起来，就形成了等烈度线，等烈度线与等位线、等高线是一个类似的概念。我国大部分地震的等烈度线是椭圆。我国是世界上地震灾害最严重的国家之一，全国46%的城市以及很多重大工程都位于强震多发区。

地震有不同的分类方法。第一是按成因进行分类，分为天然地震和诱发地震。天然地震又包括火山地震和构造地震，目前我们所说的地震多为构造地震。构造地震也称为断层地震，它是由地壳发生断层而引起的。地壳在构造运动中，会产生变形，当变形超出了岩石承受能力后，岩石就会发生断裂。在构造运动中，长期累积的能量会迅速释放，这样就形成了构造地震。地震和火山往往是交织在一起的，一般情况下有火山的地方就有地震，所以地震和火山就像是一对"孪生姐妹"。诱发地震的原因比较复杂，水库蓄水有可能引发地震。汶川为什么会发生大地震？是不是由三峡水库蓄水所引起的呢？网络上对这个问题有很多的评论，但在我看来应该不是。后文中将向大家介绍汶川地震是如何发生的。水库诱发地震的情况也是有的，包括美国、赞比亚、印度、俄罗斯等很多国家都发生过水库蓄水引发的地震。当然大多数水库蓄水并不会引发地震，世界上有数以千计的大坝，大多数大坝都没有引发地震。

第二，是按照震级的大小分类。一般情况下，5级以上的地震我们才称之为破坏性地震。5级以下的地震往往造成的人员伤亡和财产损失是非常小的。8级以上的地震叫超大地震，世界上大概每年发生3次左右。

地震是通过波来传播能量的。波有两种，一种叫体波，另一种叫面波。体波就是在地球内部传播的一种波，而面波是在地球表面传播的一种波。体波又可以分成两种，一种是纵波，它是质点振动方向和波传播的方向是一致的波，声波就是一种纵波。在极震区感受到的地震纵波所引起的地面运动会是什么感觉？应该是引起建筑物的上下振动，也就是垂直振动。一般来说，纵波周期比较短，波速快，振幅小。地震发生的时候，如果是在极震区，一般首先感觉到的肯定是纵波。横波是指质点振动方向和波传播的方向垂直的波。在发生地震的时候，横波传到地面是水平方向的运动，所以它会引起建筑物的左右摇晃。横波是剪切波，周期相对来说比较长，波速比较慢，振幅比较大。因此地震时纵波先于横波到达地面。利用这个原理可以检测震源在什么地方，从而确定震源的位置。另外，可以通过横波和纵波到地面上的时间差对地震进行预警。有人做过研究，纵波和横波达到的时间差大概为12秒左右，当然这个时间差与震源深度、地质构造、震中位置等因素有关。一般来说，横波对建筑的破坏程度比纵波要大得多，所以地震留给我们逃生的时间大约就是 12 秒左右。

现在网络上有很多报道，比如日本能够预测地震。实际上不叫预测，应该叫预警。预警就是地震发生后利用手机、各种媒体等将地震发生的消息马上发出去，那就有 8～9 秒的时间留给民众逃生，这是非常重要的。前面讲的张衡，他也是通过地动仪知道哪个地方发生了地震，引起了地面震动。没有地震，地动仪怎么能检测到地震的发生？所以这个不是预报，是预警。

二、地震的成因与机制

地球构造分为地壳、地幔、地核三层。1913 年德国有一个学者叫魏格纳，有一天他生病了，躺在床上看地图，发现南美洲东海岸与非洲西海岸线很相像，于是提出了一个大胆的假设。他认为在很久以前，地球上就只有一整块大陆，在地球自转和潮汐的作用下，大陆发生漂移，形成了今天大陆分布的格局。这就是有名的大陆漂移学说。这个假设成立的理由呢？当时可以找到的理由有很多，像古生物、古气候、地质构造、地形等，众多的证据都能证明这个学说是正确的。

大陆这么大，它是如何漂移的呢？谁有这么大的力气把它推开？难道是上帝？这是不可能的。后来又找到了一些新的证据，包括海底扩张学说、板块构造学说、地磁学、地球物理勘测等，来证明大陆漂移学说的正确性。而所谓的路桥说和大陆均衡说都是没有科学依据的。大陆漂移的原动力后来也找到了，它是因为大陆下的地幔对流造成大陆分离，进而地幔向水平方向运动，将大陆推开了，所有这些问题就都解决了。后来在大陆漂移学说和海底扩张学说的基础上，法国地质学家勒皮雄与麦肯齐、摩根等人提出了板块构造学说。

大陆漂移学说对学术研究有几点启示。第一，要大胆假设，小心求证。小孩子提出来的假设可能很天真，但是这种假设也许是科技探索的源头，当然假设提出来以后必须要谨慎求证。第二，既有的理论不能作为检验新理论的标准，牛顿的万有引力能解释相对论吗？解释不了。那么，以前的理论可能不能用来解释新的理论。第三，人数的多少并不是判断科学与否的标准，所以科学理论最讲究的是自由，而不是讲民主。当然民主也不是完全不讲，只是说科学最讲究的是自由。相对论当时有几个人接受？大陆漂移学说当时也只有几个人能接受。

世界上有两条主要的地震带。第一条是环太平洋地震带，其西支经过千岛群岛、日本群岛、琉球群岛、中国台湾群岛到澳大利亚、新西兰、南太平洋。东支沿北美洲太平洋东岸的美国阿拉斯加向南，经加拿大本部、美国加利福尼亚和墨西哥西部地区，到达南美洲的哥伦比亚、秘鲁和智利，世界上大概75%左右的地震都发生在这个带上。日本、我国台湾、智利、美国等都是地震多发的国家和地区，就是位于这条地震带上。

还有一条地震带叫欧亚地震带，欧亚地震带从亚瑟尔群岛开始经过地中海、土耳其到伊朗，经过帕米尔高原、喜马拉雅山到中南半岛西部。

中国处在欧亚地震带和环太平洋地震带的交界位置。我国东南沿海所发生的地震就属于环太平洋地震带，西南、西北所发生的地震则属于欧亚地震带。中国地震分布大概分为5个区，西北地区、华北地区、西南地区、东南沿海以及台湾，共计23条主要地震带。

三、地震灾害

地震到底会引起哪些灾害呢？第一是地表的破坏，第二是工程结构的破坏，第三是次生灾害。一般情况下，由于地基基础破坏所造成的工程结构破坏大概占10%左右，而工程结构本身的破坏大概占到90%。次生灾害也很多，包括火灾、海啸、泥石流、滑坡等。

中国会不会出现类似日本的大海啸呢？这就要从中国的地形和地貌来加以分析了。中国的近海渤海平均深度是20米，黄海平均深度为40米，东海平均深度为340米，深度都不是很大。只有南海的平均深度大概在1200米。因此，中国大部分海域地震产生海啸的可能性比较小，发生特大地震的时候，只有在南海和东海的个别地方才有可能会产生海啸。虽然我国海岸受海啸的影响不大，但是中国东部的海岸地区地势比较低，许多地区，特别是经济发达的沿海大城市，受海浪影响比较大，所以从成灾的角度来讲，小海啸、大灾难的情况完全是有可能的，因此绝不可掉以轻心。

接下来分析一下汶川地震的成因。印度洋板块向亚洲板块进行俯冲，造成了青藏高原快速隆升。高原物质向东流动，在高原东缘沿龙门山构造带向东挤压，遇到四川盆地下的刚性地块的顽强抵抗，造成构造能量的长期聚集，并最终在此释放。

汶川地震发生以后，灾后救援做得相当好，很多国家领导人亲临现场，解放军、消防官兵现场施救。主要的救援设备包括航空遥感飞机、搜救犬、生命探测仪、液压钳以及大型的起吊设备等。

汶川地震为什么会造成那么大的伤亡？有以下几个方面的原因。第一，地震的震级比较大，强度高，涉及面广，震中的烈度高，最高达到 11 度。第二，地震造成了大量生命线工程的破坏，如道路、桥梁，加大了救援的难度。第三，地震发生在白天，大量人员集中的场所，如医院和学校的建筑发生了坍塌。自从汶川地震发生以后，我国对学校建筑的要求有所提高。第四，地震发生的区域地质构造复杂，从海拔几百米到几千米，救灾难度比较大。地震引发的地质灾害范围比较广、程度深、危害大、持续时间很长。地震预报水平低，没有及时做出预报，建筑结构设计不合理，抗震能力差，特别是农村建筑，施工水平低，质量低劣，灾民防灾意识不强，自救和互救能力差。因此，现在要求每一个省、每一个地级市，都应有地震应急救援预案，且要求预案的可实施性比较强，但目前我国地震救援预案的可实施性都还比较欠缺。

四、地震的预警、预测和预报

公元 132 年张衡发明了地动仪，用于地震预警而非地震预报。那么，地震可以预报吗？这应该是非常难的。地震预测和预报是什么意思？地震预测是根据对地震规律的认识，预测未来地震的时间、地点和强度。2008 年发生的冰灾，预测在山东、河北、河南一带，结果发生在南方。地点都错了，预测还能有什么用？地震预报就是对地震预测的结果，通过大众传媒进行传播。我国对地震预报的水平怎么样呢？长期预报还比较准确，大概十年左右，中期预报一到两年，也比较准，短期预报三个月，临震预报是十天内，短期预报和临震预报是很不准的。

如果我们在网站或手机上收到某条信息，说某某地点、某某时间将发生地震，这条信息一般来说是假的。中国的地震预报，包括世界上的地震预报都没有达到这个水平。中国总体的预报水平在世界上还是处于领先地位的。中国地震预测预报是靠经验和统计方法来进行的。1975年2月4日成功预报了海城地震7.3级。这个开创了人类地震短临预报的先河，因此联合国认为中国在这方面确实是非常成功的。另外一次预报是在1988年的11月6日，云南省三岔河小寨村的一个村干部突然听见寨子里传来了猪、牛、狗的尖叫声，于是通过村广播站发布地震预报，村民们迅速逃离房间，7.6级的耿马地震就发生了。震后这个村子虽然遭受了严重的破坏，房屋基本倒塌，但无人员伤亡。当年唐山地震发生后的一段时间，经常有人谣传会发生地震，给人们的生产生活造成了重大影响。错误的地震预报还会造成社会的恐慌甚至动乱，其造成的经济损失有时并不亚于发生一场真实的大地震。

在地震预报方面，我国有严格的地震发布制度，不是哪个科学家研究出在哪个地方可能会发生地震就可以对外发布的。我国对地震实行统一的发布制度。从世界范围来说，地震预报仍然处于探索阶段，尚未完全掌握地震孕育发展的规律，中国地震预测主要是根据多年积累的观测资料和对震例进行整理而做出的经验性预报，因此不可避免地带有很大的局限性。

目前中国地震预报的水平和现状是怎样呢？大体上可以这样来概括：我们对地震孕育发生的机理和规律有了一定的认识，但是还没有完全认识，我们能够对某些类型地震做出一定程度的判断、预报，但是还不能预报所有的地震。我们做出的较大时间尺度的中长期预报有一定的可信度，但短临预报的成功率还是相对较低，特别是临震预报。地质学家李四光曾说过："即使是到了地震预测过关的那一天，地震预报也不可能完全是百发百中的。"

接下来谈一谈经验性地震预测。经验性的地震预测有哪些例子呢？第一，"小的闹、大的到，地震一多要报告"。地震发生的时候，一般是一个系列，有一些地震有前震，当然有前震的也不到10%。1966年3月6日邢台发生了小震，3月8日发生了6.8级地震。第二，"地震两条跳，这边震了那边跳"。也就是说可能在这个地方发生了地震，若干年以后，在与这个地方相邻的某个地方也会发生地震。第三，"抬头一看月儿圆，初一十五有点悬"。历史上统计，初一、十五发生地震的概率比较大。第四，"先听响，后地动"。这是什么意思呢？声音传播的速度比较快，而地震波传播的速度相对要慢一些。人大概能够听到的频率范围是 20～20000Hz，地声的频率范围是 10～60Hz，所以基本上人听不到这个声音的，但是狗可以。第五，"地光闪，八成险"。第六，"井水是个宝，前兆来得早"。水在封闭状态下是非常静的。"地下水，是前兆，不是涨，就是落，甜变苦，苦变甜，又翻砂，又冒泡，搞预报，有门道，井要深，水要旺，水不动，地不闹，有变化，快报告。"但是，很多情况下，井水、河水水位的变化不是由于地震或者地裂的变化引起的。第七，"天变雨要到，水变地要闹"，讲的就是地震引起的水的变化。第八，"电器异常，不能不防"。收音机、电视机、雷达等自动启动、自动关闭，出现这种情况是由电磁波异常造成的。第九，"鸡也飞，狗也叫，老鼠机灵先跑掉"。但是，虽然地震前可能会有这种预报，也不能就此断定会有地震发生。例如狗，不给它食物它也会叫。某一个地方人们看到树上的老鼠排着队，人靠近了也不怕，最后发现是什么原因呢？原来在两年以前这个地方放了很多粮食，老鼠就在此安家落户了，两年以后，他们把粮食全部搬走了，老鼠没地方去了，看到槐树上面有槐花，全部跑到树上吃槐花了，当时就以为是地震发生的前兆。其实很多动物异常不是地震的前兆。

地震究竟如何判断呢？第一，"地震不地震，抬头看吊灯"。因为吊灯有一个很好的习性，叫作"不是地震我不动，只有地震我才动"。它的优点是自动识别，比较常见，而且是自动的。第二，"慢慢摇、慢慢晃，九十里外等着瞧"，就是指地震发生的地点比较远。第三，"八方来响，这边甬讲"，意思是当前所处的位置是极震区。第四，"上下颠一颠，来回晃半天"，这是极震区的地面运动特征，先是上下颠簸，然后左右摇晃。第五，"响了就颠，颠了就摇"。第六，"响得长，在远程，响得短，离不远"，响得长说明声音传得比较远，可能距离也比较远。第七，"震中震中，电话不通"。一般震中区域，道路线路都会发生破坏，所以不通。第八，"震级要算，震中要判，烈度要到现场看"。我们经常可以看到，地震开始报告是几级，过几天以后又变成了另外的震级，这是要算的，要根据不同地点算出来的数据进行研判。第九，"四度有感，七度破坏，十度地裂"。即指烈度为四度时能够感觉到地震的发生，此时的地震震级大概为三级。第十，"人在睡觉灯在摇，三度以下不用瞧"，也就是说地震烈度比较低时，不用理会。第十一，"一楼二楼睡觉，三楼四楼在叫，五楼六楼又跑又跳"。这什么意思呢？在地震中，房屋越往高处水平方向位移就越大，所以人的感觉是不一样的。第十二，"裂缝哪里找，抬头看墙角"。如果房子开裂了，一般是墙角所在的位置。第十三，"墙角不裂，地震不烈"，表明地震的烈度很低。第十四，"大的声发沉，小的声发尖"。第十五，"大的折腾两个月闹，小的得闹十来年"，大的地震可能持续两个月就没事了，但是小的地震，因为能量一次又一次慢慢释放，所以持续时间会比较长。

五、地震灾害的预防和防震减灾

地震灾害的预防和防震减灾的主要内容包括工程性措施和非工程性措施。在非工程性措施方面，这里主要讲个人地震应急。工程性措施有地震安全性评价、工程结构抗震、地震区划、隔震技术和减震技术。这里主要介绍隔震，隔震技术是40年来世界地震工程最重要的成果之一。房屋和基础之间，加上隔震装置以后，这栋房屋所受到的地震影响就会减小很多，这是保障建筑安全的一个非常重要的措施。

非工程性措施主要是指人民政府及社会组织采取的措施，如防灾减灾宣传、教育培训、科研及推进地震灾害的保险、救灾资金和物资储备等工作。一个比较重要的内容就是地震当中如何逃生和求救？先来说说地震应急方面个人需要掌握的一些知识。第一，"房倒树不倒，有树不用跑。"树怕风不怕震，因为树的根基比较牢固，而且它的重量基本集中在树干上，它的弹性比较好，所以地震中一般树不会受损。第二，"鲁班盖房，墙倒屋不塌。"古代盖房子，木结构比较多，木结构重量轻、整体性很好。1996年丽江发生地震，丽江古建筑在这次地震当中是否损坏严重是大家所担心的。但是后来事实证明损坏很轻微。第三，"地下的洞、地上的草、水里的鱼和天上的鸟。"这是什么意思呢？你看地下的洞，隧道里面很少发生比较大的灾害。唐山地震发生的时候，有人被埋在唐山地下挖煤的巷道里，过了很长时间，他说，"发生地震了吗？我不知道"。所以地洞的抗震性能是比较好的。水是不能传播横波的，水里的鱼也很安全。天上的鸟就更不用说了。第四，"能站就不躺，能躲就不藏。"什么意思？就是现在能站着就不要躺下去，地震来了钻床底下这种方法对不对？从这个角度来说是不对的，为什么？因为人缩成一团，被高处掉落的东西砸到的概率肯定比躺在地上的概率小一些。其次，躲在床底下，由于床的质量比较差，随便掉一个东西下来，床可能就塌了。第五，"近水不近火，靠外不靠内。"躲的时候最好躲到哪些地方去呢？厕所是较好的选择。厕所里面有水，如果被困还能有水喝。而厨房里因为有煤气，可能会中毒，同时也可能会发生火灾，所以躲厕所是最好的。特别是砌体结构房屋，厕所和厨房是现浇的，整体性比较好，相对来说比较安全。靠外不靠内，意思也很明显，靠外面比较容易获救一些。另外互救时，要先救人。救人的时候要确保被救者都能呼吸，再由易到难，由近到远，由年轻人到老年人。因为年轻人被救出来以后，还可以帮忙救助其他人。第六，"静下心、喝口尿、莫沉睡、要报告。"如果真的被困，哪怕是尿都要节约，身边没有瓶子的时候，就尿到裤子上，然后拧下来再喝。第七，"找管道、敲管道，有水有气救援到。"有管道的地方都是相对比较容易敲击发声的。第八，"危险在头顶，安全找三角。"房屋倒塌时，总会产生一些三角区域，这些三角区域就是能活命的地方。

面对灾难时的无知是人类最大的灾害，国民的灾害意识是衡量一个国家文明进步的标志。2004年4月26日，印尼地震引发了海啸。当时与父母在普吉岛度假的缇丽斯发现大海出现泡沫后，便要求父母和周围的人迅速离开沙滩，使得数百人死里逃生，而这个知识是她在地理常识里学到的。在发生灾难的时候，比如地震、火灾、水灾等，学会最基本的自救、互救方法，对我们都有好处。有一句古话叫"生于忧患，死于安乐"，能够多一些忧患意识，会提高一个人的生存能力。

糖尿病的基本防护

雷闽湘❶

哪些人易患糖尿病呢？第一是遗传因素。如果家里有血缘关系的亲属患糖尿病，那么自己患糖尿病的危险性就会增加。第二是环境因素，环境因素包括饮食无节制、不喜好运动、精神压力过大、肥胖等，所以有的人会说我们家从来没有人得过糖尿病，但是偏偏我得了，或者我父母有糖尿病，但是我没有得糖尿病。这是因为糖尿病除了遗传影响外还受环境因素的影响。

什么是糖尿病？糖尿病是在遗传背景和环境因素的共同作用下，引起胰岛 B 细胞功能下降或胰岛素的生物作用不足，从而导致的以高血糖为特征的全身性疾病。我们都说血糖高了，那什么是血糖？血糖就是我们血液中流动的葡萄糖，血糖主要来自哪里？来自我们吃进去的食物和肝糖原的分解。有人会说我们几天不吃东西，体内同样有血糖，这个血糖又是来自什么地方？其实，平常我们从食物中摄取的多余糖分会被储存在肝脏，我们叫肝脏储存库。当我们觉得饥饿又没东西可吃的时候，肝脏会把糖分解出来变成能量来供应身体所需，所以人一两天不吃东西是饿不死的，但是如果我们几天不吃东西，几天后肝脏存储的东西用尽，那就活不下去了。没有糖谁都活不下去，糖是我们每个人身体必需的物质。我们的能量来自

❶　作者简介：雷闽湘，教授，主任医师，博士生导师。中南大学湘雅医院内分泌科主任，中华医学会糖尿病分会委员，中国医师协会代谢分泌分会委员，中国医师协会内科培训指导委员会常委，湖南省糖尿病学会主任委员，湖南省内分泌学会副主任委员。

葡萄糖的转化、利用，所以当血糖太低，力气也就减少了，低血糖的人会感觉非常没有力气。在胰岛素和其他激素的调整下，我们正常人的空腹血糖维持在 4.4～6.1mmol/L，进餐以后血糖会升高，一般餐后 2 小时血糖不超过 7.8mmol/L，这是正常人的标准。

糖尿病患者的空腹血糖≥7.0mmol/L，餐后 2 小时或糖负荷后 2 小时或随机血糖≥11.1mmol/L。在正常人和糖尿病患者之间还存在糖尿病前期状态，即空腹血糖受损（空腹血糖 6.1～7.0mmol/L，餐后 2 小时血糖＜7.8）和糖耐量异常（空腹血糖＜7.0mmol/L，餐后 2 小时血糖 7.8～11.1mmol/L）。

已诊断为糖尿病的患者可能要考虑糖尿病分型。目前有 1 型糖尿病，2 型糖尿病，2 型糖尿病占 90%～95%，老年人大部分都是 2 型糖尿病，再就是妊娠期间出现的糖尿病，还有特殊性糖尿病。特殊性糖尿病是由多种原因引起的。

对于糖尿病患者还要注意并发症的评估。大家都知道，糖尿病只是血糖高一点，不痛也不痒，那为什么还要引起重视？为什么还要去看病？糖尿病的可怕之处就是它的并发症。我们每个人身体的每个地方都有血管，血液在我们体内循环流动，如果血液里的葡萄糖老是处在一种高水平的情况，是会损坏血管的，血管一旦损坏，我们的视网膜就可能破裂，造成失明。脑里面有血管，一旦被损坏，引起中风的概率就会增多。心脏也有血管，血管受损可能引起冠心病及高血压。肾脏里面的血管损坏，肾脏功能就不健全了。下肢也有血管，可能有些患者走一段路脚就会感到痛，严重的情况下脚会溃烂，甚至还要截肢。所以糖尿病患者由于高血糖可使全身多处脏器受损，糖尿病真正的可怕之处就在这里。这些并发症有哪些表现呢？视网膜病变有些要靠检查才能发现，在早期可能还没有影响视力，所以我们建议糖尿病患者每年都做一次眼底检查，看有没有血管增生。脑血管不可能每年都做，但大家可以经常量血压，也常让医生听听心脏，肾脏方面需要注意查一下有没有尿蛋白。某些患者说，我有血糖仪，我天天测血糖，我不需要查尿了。医生验尿不是为了查血糖，也不是查你的尿有多少，而是要查你有没有尿蛋白，肾脏是不是有损伤。对于脚，大家有时候可以摸一摸两边脚的温度是不是对称，如果一只脚很凉，另一只脚温一点，凉的这个脚就要注意可能是供血不足了，没有血供早期肯定变凉一些，所以这些都是我们要注意的。

为什么要介绍并发症？因为现在糖尿病带来的危害主要是由这些并发症引起的。在美国，糖尿病的医疗开支也主要是并发症的医疗开支，一旦有了并发症，医疗费用就明显增加。如果患者真正到了出现很多并发症的时候，想要把并发症全治愈就有一定难度了。所以我们都非常强调早期控制好血糖，防止出现并发症。如果患者已经发展到了尿毒症，医疗开支很大，效果也不好，医生也没有办法了。如果没有并发症，医疗花费大概只占有并发症整个费用的10%，不到20%。

控制血糖方面有一个非常著名的研究，这个研究到现在已经30多年了，是欧洲几个国家联合起来开展的，我们称之为追踪观察，观察血糖控制会不会给患者带来好处，结果发现，凡是糖化血红蛋白控制得好的患者，哪怕只下降1%，并发症都有所减少，包括截肢、白内障的摘除、心梗、糖尿病相关死亡的概率也能下降。有些患者舍不得花钱，已经患了糖尿病不愿意治疗，等有并发症了再去治疗，到那个时候就算往医院堆钱，效果也不见得好，而早期进行治疗的话，可能费一点点劲就能把血糖控制好，钱还可以少花，所以大家要重视这一点。

对于糖尿病患者来说，到了医院要做一些什么检查？测血糖是一定要做的，如果没有诊断清楚，不能只靠验手指血糖来诊断，如果已经确诊为糖尿病，只是看血糖控制好了没有，那用手指血就可以了解病情。再就是每隔两到三个月做一次糖化血红蛋白。如果血糖偏高一点但不是很高，我们还不能诊断的时候，可以做一个糖耐量试验，看看是不是糖尿病。还有一个尿糖检测，尿糖是间接的反应。胰岛素不是判断患者有没有糖尿病，主要是判断胰岛的功能，比方说有的患者病的时间很久了，胰岛功能很差，估计要打胰岛素。抗体的检测主要是帮助分型的，要注意血脂、肝肾功能检查，因为糖尿病患者经常合并高脂血症，如果只注意血糖而不注意血脂，同样也会引起并发症。肝肾功能检查为什么隔一段时间就要做？因为大家担心吃了药会不会影响肝肾，医生也会关注这个问题，所以医生一般半年到一年为患者做一次肝肾功能检查，如果肝肾功能都很好，那可以放心吃药。如果肝脏功能、肾脏功能有问题了，那就要改变治疗方式。

糖尿病怎么防治？

目前来说，对糖尿病的防治，还是常说的"五架马车"，包括饮食、运动、教育、血糖检测、药物。为什么教育也会是治疗的法则？糖尿病早期不容易发现，发现糖尿病之后患者不重视，因为他认为不痛不痒就不需要看病，等有了并发症才来看病。糖尿病与我们的生活密切相关，饮食、运动是靠患者配合的，不是医生能做到的。患者自己做不好，医生的药也是白搭。所以我们希望通过糖尿病知识教育让大家了解糖尿病的严重性，让大家知道糖尿病怎么治疗，这样大家才能更好地配合医生的治疗，这就是教育的重要性。

血糖检测为什么也是一项法则？这是因为糖尿病初期的症状是不明显的，那靠什么来反映病情呢？主要靠血糖。血糖检测是糖尿病病情观察的必需手段，我们应当定期检测血糖，如果血糖过高，就要去咨询医生如何控制血糖，根据血糖情况确定控制和治疗的方案，所以血糖检测可以督促患者更好地控制病情。

糖尿病患者从什么时候开始治疗？糖尿病前期就可以干预治疗，这种干预治疗可以不吃药也可以吃药，但是我建议大家最好是通过改善生活方式来干预。我国曾在大庆做了一个群体研究，在糖尿病前期状态，指导患者进行生活方式干预治疗，干预几年后，糖尿病的发生概率明显降低了。用生活方式干预，不吃药，这是最有效也是最健康的方法。如果进行生活方式干预治疗后没有效果，检测血糖仍然很高，这时就建议进行药物治疗。

对于生活方式干预的方法来说，其中很重要的一点就是饮食，饮食的原则是什么？控制总热量的摄入，以均衡的各种营养物质为主，就是什么都可以吃，但什么都不多吃。控制的目标主要是让患者的血糖维持在正常水平，然后保持合理的体重，既不能让自己过胖，也不能让自己过瘦。特别是有些肥胖患者，通过饮食就可以把糖尿病控制下来，不需要吃药打针。什么样的患者需要控制饮食？饮食控制贯彻糖尿病患者治疗的始终，糖尿病患者到底吃什么？严格来说，要在营养师的建议下，根据每天的活动量及体重，算出每天的总热卡，然后再合理分配饮食中各种营养成分的比例，碳水化合物占50%，脂肪占30%左右，蛋白质占20%～25%。我们一般不可能做到饮食这么均衡，所以这里有一个简便的办法：在没有进行体力劳动的情况下，每天的主食大概是 5 ~ 6 两，根据身高来确定的话，矮个子可能是 4 两多一点或 5 两，高个子大概 6 ~ 7 两。主食包括什么？米饭、面、玉米都算主食，午餐晚餐大概 2 两，早餐 1 两。菜要如何搭配呢？荤菜、蛋白质多一点，鱼、肉、蛋等每天大概是 2 ~ 3 两，这里的分量是指生的，没有经过烹调的。蔬菜类每天可以吃一斤左右，就是我们常说的叶子菜。还有一个非常重要的问题就是一定要控制油的摄入量，最好不超过一两。我们说什么都可以吃，但什么都不多吃，就是控制一个量。食物品种可以挑选自己喜欢的，但要做好量的控制。

糖尿病患者经常合并高血压，所以饮食要清淡，一天的盐量最好控制在 6 克以内，主要是因为盐摄入太多会引起血压高。大家还常问糖尿病患者能不能喝酒？我们不主张糖尿病患者喝酒，但如果喝酒也不要喝多了，饮酒量每天不超过一个到两个标准量，标准量是什么意思？一份标准量含 10 克的酒精，比如，啤酒每天大概可饮 285 毫升，清淡的啤酒 375 毫升，红酒大概 100 毫升，白酒大概 30 毫升。喝酒还要注意一个问题，有些人在外面应酬时，喝酒的没有吃太多主食，然后又注射胰岛素或吃降血糖药，这样很容易引起低血糖，所以大家要特别注意。此外，酒喝得太多了会伤胰脏、肝脏，糖尿病患者的胰岛功能本来就不是很好，容易引发胰腺炎。所以针对糖尿病患者我们主张不饮酒。

很多糖尿病患者有一些饮食误区，认为得了糖尿病不吃糖就行了。需要明白的一点是，糖尿病并不是吃糖吃出来的。有一个患者，医生建议他控制一段时间的饮食，一个月以后他却越来越胖了。医生询问他，他回答说我是少吃了，我没吃饭，吃肥肉，填肚子。结果越吃越胖。所以这也是个误区。还有一类患者干脆不吃东西，事实上糖尿病是饿不好的。在胰岛素发明前糖尿病没有药物治疗，那就只能靠饥饿，现在科学发达了，有很多治疗手段，不需要饿。我们主张糖尿病患者正常地享受生活。还有一个误区，有的糖尿病患者只限制主食，别的不限制，那也是不行的。有人认为糖尿病患者绝对不可以吃水果，这也是错误的。糖尿病患者应该怎样正确地吃水果？一般来说，在两餐饭的相隔时间中吃水果，不要刚吃了饭就吃水果。另外，吃水果还要注意量的问题，譬如一个大苹果，不要一口气吃完，可以切成小片分成两份，上午吃一份，下午吃一份。这样的话就不会因为一下子吃得太多而导致血糖飙升。

糖尿病患者可以吃豆制品，但是多吃也不行，特别是肾脏有问题的人不能多吃，吃多了对肾脏不好。南瓜、苦瓜能治糖尿病也是误区，糖尿病患者是可以吃南瓜、苦瓜的，但是它不能医治糖尿病。有个患者，别人告诉他南瓜可以治糖尿病，他就一两个月时间全吃南瓜，其他任何东西都不吃，也不吃药，南瓜没有蛋白质，也没有别的营养素，就导致贫血。一贫血脸色就蜡黄，蛋白质摄入不足就导致水肿，所以他来医院的时候面部黄黄的、肿肿的，血糖很高。南瓜是可以吃，但是它并不能治疗糖尿病，请大家不要连续吃。还有就是食用油的问题，油也要尽量少吃，现在很多患者说没有吃猪油，吃的是茶油，但同样也要清淡，炒菜时不要放很多油。我们常说膳食纤维和粗粮对糖尿病患者有好处，有些患者就天天吃荞麦，不吃米饭也不吃面条了。其实没有必要走极端，适当搭配一些粗粮是可以的，我们希望病人生活得有质量，我们只讲究平衡，不要太偏激了。

还有一种误区，认为胰岛素可以控制血糖，打了胰岛素就不需要控制饮食了，这也是错误的。如果因为打了胰岛素，就放纵饮食，到时候血糖也会控制不了。有时候糖尿病患者在治疗过程中，会出现饥饿感，这可能是因为血糖没有控制好，糖不能变成我们身体所需的能量。但是饥饿感有时候是由低血糖引起的，要区分这种情况。具备条件的患者最好在饥饿的时候查一次血糖，看看血糖是高还是低，如果偏低我们鼓励进食，调整药物治疗方案；如果血糖偏高，这就不是低血糖，所以不要进食。有些人说我胃口很好，饮食减下来确实有点饿，怎么办？大家可以用蔬菜去填饱肚子，但是叶子菜不要放油去炒，直接清煮一下，这样食用可以减少饥饿感。

还有一个问题就是吸烟。大家也提出来说得了糖尿病以后，能不能吸烟？我们建议最好不吸烟，因为吸烟会影响血管病变，尤其是高血压、冠心病患者最好不要吸烟。

"五架马车"的第二个是运动，运动能给糖尿病患者的治疗带来很多好处，但运动也要注意合理性，在有感染、严重心肾病、急性病的时候是不能做运动的。运动时间也要注意一下，老年人一般喜欢早上运动，这是可以的，但是注射了胰岛素的患者和服用刺激胰岛素分泌药物的患者在运动时要注意低血糖反应。

　　教育工作如何做呢？在血糖不是特别高的时候，糖尿病可能表现得不是很明显，所以大家就感觉没有症状，没有症状怎么发现糖尿病？很多人是通过体检发现的，所以有患者拿到化验单后就疑惑了：我什么感觉都没有，是不是医生搞错了。一般糖尿病要进行普查、体检才能确诊，所以教育工作也是我们必须要做的。由于糖尿病症状不会引起大家的痛苦，所以很多人不在意，以其他症状来看病，包括一些并发症，比方说眼睛有病变看不清，以为是白内障、青光眼，确诊后才知道是糖尿病。所以凡是老年人来看白内障，医院都会查血糖，大家千万不要说是乱做检查，这是常规要做的。因为很多患者不知道，甚至有些心血管、高血压患者住在神经内科、心血管内科后，才发现自己有糖尿病。身上总是长烂疤，长了又不愈合的，这也可能是糖尿病的表现。

　　糖尿病患者典型的症状是三多一少（吃得多、饮得多、尿得多、人消瘦），还有很多不典型的症状，包括没有力气、看东西看不清、手脚麻木、白内障、皮肤瘙痒等都是。当然，不是所有的白内障患者都患有糖尿病，但是有白内障的人一定要查一下血糖。在什么情况下我们要注意警惕身边的人或是我们自己有没有糖尿病的可能？这些可能会引起大家的注意，第一个就是口干，这个时候应该查一下血糖。第二个是不明原因的消瘦。糖尿病很隐蔽，没有力气、注意力不集中，人太胖，又有高血压、高血脂，我们现在叫"三高干部"——高血压、高血脂、高血糖。还有就是手脚麻木、头昏眼花的症状。生巨大胎儿的女性也要小心有没有糖尿病。突然之间恶心、呕吐、肚子痛也要去医院检查，这些也可能是糖尿病的急性并发症，出现性欲减退、习惯性便秘等情况也应该到医院检查一下有没有糖尿病。总之，糖尿病最重要的表现就是以高血糖为主，所以血糖是判断糖尿病的主要指标。

　　很多患者可能没有症状，通过体检才发现的。比方早上去做常规体检，发现血糖7.0，但什么感觉都没有，也没有口干、喝水多、尿多、突然消瘦的情况，那到底是不是糖尿病？如果只有这种状态，我们需要第二天再测测，或者患者吃了糖以后，空腹情况下血糖值也大于7.0mmol/L，餐后 2 小时也大于 11.1mmol/L，尽管你没有上述症状，但是只要你的实验数据符合这个标准，那你也可以戴糖尿病的"帽子"，不是有症状才戴，一定要根据血糖判断，血糖是诊断糖尿病的主要指标。

对于糖尿病患者，医生经常会嘱咐其隔一段时间查一下糖化血红蛋白，糖化血红蛋白是什么东西？我们刚才说过，人体内的血糖，吃了东西会高一些，不吃东西会低一些。它实际上是什么？就像湘江河的水一样，不停地在血液里流动，所以它的数值不是一成不变的，是有波动的。糖尿病患者吃了药以后测的血糖值是正常的，但并不代表过一段时间或者明天就一定是这个数值，正常情况下都是有变化的，比如今天测的是 5.5，可能明天测的是 4.5，吃多了、吃少了、情绪的紧张或者运动都可能影响体内的血糖变化、波动。糖尿病患者不可能时刻通过手指血来观察血糖变化，那通过什么来观察呢？就是医学里的糖化血红蛋白，糖化血红蛋白是血糖与我们体内的红细胞血红蛋白结合的数字。红细胞在体内的寿命是 120 天，120 天以后它就会自己死亡、排出体外。大家可以观察下自己的尿液里面有没有颜色，那种有点黄黄的颜色的东西就是我们破坏的红细胞，红细胞如果排得过多的话，尿就特别黄，我们就溶血了。红细胞的寿命是 120 天，糖与红细胞结合以后，这个数字就可以反应两到三个月的平均血糖水平，所以现在美国就用糖化血红蛋白作为诊断糖尿病的标准。

中国现在没有实行用糖化血红蛋白来诊断糖尿病，目前的检查方法还没有国际标准化，但医院有时候会参照国际的一些临床观察。我们发现这个糖化血红蛋白相对比较可靠、稳定，所以一般建议糖尿病患者间隔三个月左右去测一下糖化血红蛋白来监测病情。如果糖化血红蛋白正常，血糖也控制了，说明这段时间治疗的效果比较好。如果患者偶尔查一次血糖是正常的，但一查糖化血红蛋白就很高，说明平时血糖还是偏高。

我们说正常的血糖是 4.4 ～ 6.1mmol/L，这中间有个缺口，6.1 ～ 7.0mmol/L 算什么状态？如果患者体检，检查的结果 6.6mml/L，也没到 7.0mmol/L，而且几年内都没达到 7.0mmol/L，这种情况我们不能说是糖尿病，我们称之为空腹血糖受损。我们吃了饭以后血糖会高一点，正常人是 7.8mmol/L 以下，诊断糖尿病是吃了饭以后的血糖达到 11.1，在 7.8 ～ 11.1 还有一段过程，这个过程叫什么？叫糖耐量异常。所以空腹血糖受损和糖耐量异常这两种情况都是糖代谢出了问题，比糖尿病好一点，比正常人差一点，这种状况我们把它叫作糖尿病前期。我跟患者开玩笑说，这个时候你就是糖尿病的嫌疑犯，我们要好好地改造你、教育你、干预你，不干预的话，你可能就走到糖尿病的圈子里去了。在这种状态下，如果能干预一下，你可能回到正常的人群，如果不提醒你，你还是照样大吃大喝，也不做运动，可能很快就会发展成糖尿病。糖代谢受损的症状在老年人身上可能会更多见一些，与肥胖，年龄大也有一定的关系。刚才所讲的糖尿病前期状态，患高血脂、高血压、心脑血管疾病的这些人，生巨大胎儿、家人有患糖尿病的，这些都是高危人群。

如果亲戚中患有糖尿病，就要注意提醒后代控制体重，而且要提醒他注意适当运动，不是所有干预都要吃药，生活方式干预就可以了，这样是最划算的，少吃了，多走了路，又节约了能源，还少花了钱，身体还更好了。

糖尿病患者的药物选择建议在专业医师指导下进行，每种药有每种药的作用机制、适应症、禁忌症、注意事项，不同的病情需要选择不同的药物，同一个患者在不同的病情下治疗方案也不一样，所以在选择药物时不能完全以药品价格来衡量药物的好坏，也不要看着别人吃什么药自己也去吃什么药，在治疗过程中一定要定期监测血糖、糖化血红蛋白、尿蛋白、肝肾功能、血脂、血压、眼底等情况，发现病情变化随时调整治疗方案。

总之，糖尿病是可防可治的，早发现、早干预、定期监测可使糖尿病患者享受正常人的生活。

健康养生，快乐一生

李定文❶

　　随着社会的发展，人们对生活品质的要求越来越高，不仅仅是吃饱喝足就行了，我们应该活得更快乐、更健康。那我们应该怎么样吃，怎么样运动，怎样树立健康的生活方式，让我们生活得更健康、快乐呢？下面就来讲讲这个问题。

　　古往今来，健康、幸福、美丽、长寿是人们追求的美好理想，但是我个人认为健康应是第一位的，有了健康才有可能幸福、长寿。改革开放以来，我们的生活水平不断提高，物质丰富了，吃喝不愁了，生活越来越好了。如今的长沙，楼越来越高了，街道越来越宽了，汽车越来越高级了，办公的场所也越来越好。但是有一点大家是否都注意到了，那就是现在的

　　❶　作者简介：李定文，湖南中医药大学第一附属医院治未病中心副主任、主任医师，世界中医药学会联合会中医健康管理专业委员会常务理事，中国中西医结合学会营养学专业委员会委员，国家首批健康教育专家，获首届"湖南省三湘好医生"奉献公益奖，湖南省营养与健康学会主任委员，湖南省养生协会常务理事，湖南省药膳食疗研究会副会长。曾接受中央电视台、湖南卫视、湖南电台等省内外多家电视台、电台就有关中医养生、营养健康、食品安全等节目的采访，担任湖南卫视"天天向上、好好生活"的邀嘉宾主持，湖南经视"越策越开心"特邀嘉宾主持、"晨报大讲堂"特邀主讲人，"湘图讲坛""黄帝内经"主讲人，"国医国学"大讲堂主讲人，湖湘大学堂特聘养生专家。接受过腾讯、人民网、新浪、搜狐、红网等知名网站在线访谈。曾受邀在全国部分高校、党政机关、部队、企事业单位、社区做过多场讲座，出版专著多部、发表论文多篇。从医30年，有丰富的临床经验，特别是在中医体质调养、健康管理、营养指导、四高（高血压、高血糖、高血脂、高尿酸）的中医调治，女性的养生调理，中医清调补养等方面有独到的方法，还自创针对现代人的中医养生操，简单、易学、实用。

疾病也越来越多了，特别是心脑血管疾病、糖尿病、肿瘤等，有些慢性疾病发病率在明显上升。还有一个现象是年轻人得了老年性疾病。以前一般只有老年人才会得的疾病，现在年轻人也很容易得了，而且现在很多小孩子都已经得了成年人的病，这些必须引起我们的注意。要做到长生不老确实不太现实，但是我们养成一种好的生活方式，养成一个好的养生保健习惯，我们就可以少生病，或者不生病，让自己更健康一些、活得更久一些是完全可以做到的。

怎样才能健康？主要是要掌握一种健康的生活方式。世界卫生组织在很久以前就提出了人类健康的定义：健康不仅仅是没有疾病或者不虚弱，而是在生理、心理、社会适应能力和道德上的一种完美状态。所以说健康是非常重要的。怎么样算是健康？我认为最重要的一点就是要有健康的观念，没有健康的意识和观念是很难做到健康的。我们常说健康不代表一切，但是没有健康一切就真的都没有了。

我们常听人说地位是临时的，荣誉是过去的，金钱是身外的，只有健康才是自己的，我觉得这句话不完全对，健康不仅仅是我们自己的，还是家人的、朋友的、单位的、企业的，甚至我们的健康是整个中华民族的，是国家的。所以我们一定要有一个健康的身体，这样才能让国家更强大。但是随着经济的发展，污染越来越严重，压力越来越大，竞争越来越激烈，吃得越来越好，但是运动却越来越少。前段时间有关部门做了调查，现在很多职场工作人员，运动时间非常少，而每天花在网上聊天、打麻将、泡吧、喝酒的时间却特别多。运动出现一个"两极"情况，一个是小孩子运动，另一个就是老年人运动。年轻人却缺乏运动，这是一个非常不正常的现象。

疾病越来越多，我们应该感觉得到。曾几何时，很多熟悉的面孔就在我们面前倒下了。我们可能经常听到朋友、同学突然就得了癌症或是脑溢血，这样的情况确实有。世界卫生组织调查结果认为，真正健康没有病的人只占我们人群中的很少一部分，还有一部分是有疾病的，在这个中间的处于亚健康状态，在中国处于亚健康状态的人是比较多的。

什么是亚健康呢？我们到医院去体检没有发现器质性的毛病，比如心脏病、糖尿病、高血压、痛风或者其他疾病，但是却总觉得精神紧张、焦虑不安、记忆力下降、容易疲劳、腰酸背痛、食欲不振、消化不良、容易急躁、免疫力下降，有时候晚上睡眠不好、多梦，小便也不好等，这些都是亚健康状态的表现。这些情况如果调理好了，我们就能恢复正常，但如果调理不好就可能变成疾病。社会发展这么好，我们吃得也这么好，但为什么来医院看病的人却越来越多？长沙大多数医院的大楼最近几年扩建了，这是为什么？就是因为病人确实多，当然也与我们的平均寿命延长有关系。但是确实要看到：现在我国糖尿病患者有 1.139 亿人，在全世界排第一；高血压病人 2.6 亿人；还有很多心脏病、血脂高、肝脏有毛病、肾脏有毛病的人，有的人可能有糖尿病又有高血压还有痛风。

严格来讲，这些病都是一种生活方式疾病，是由不恰当的生活方式引起的。如果我们采取一种健康科学的生活方式，这些疾病是完全可以克服的。或者已经得了这些疾病，通过好的健康生活方式，也可以让疾病慢慢缓解平稳，有的甚至会慢慢好起来。所以健康科学的生活方式是很重要的。

是谁控制了我们的健康？是我们自己。是我们自己让我们健康，也是我们自己让我们不健康。父母把我们生下来，父母把他们最好的遗传物质带给我们，存放在我们的肾脏之中。中医讲肾为先天之本，当然也有些人先天不足，或者父母除了把好的给你，也给你带来了一些疾病，但总的来说大部分人情况是差不多的。那为什么随着年龄的增长，有的人越来越健康，有的人身体却特别差，有的人甚至过早去世了？就是因为我们自己后天调理、保养得不好。

两千多年前，中医有一本著名的经典著作《黄帝内经》，里面有一段话，大概内容是黄帝问岐伯，"余闻上古之人，春秋皆度百岁，而动作不衰；今时之人，年半百而动作皆衰者，时世异耶？人将失之耶？"岐伯就回答，"上古之人，其知道者，法于阴阳，和于术数，食饮有节，起居有常，不妄作劳，故能形与神俱，而尽终其天年，度百岁乃去"。翻译过来就是，黄帝问岐伯，"我"听说上古时候的人，年龄都能超过百岁，动作不显衰老；现在的人，年龄刚至半百，而动作就都衰弱无力了，这是由于时代不同所造成的呢，还是因为今天的人们不会养生所造成的呢？岐伯就回答：上古时代那些懂得养生之道的人，能够取法于天地阴阳自然变化之理而加以适应调和养生的办法，使之达到正确的标准。饮食有所节制，作息有一定规律，既不妄事操劳，也不过于安逸，避免过度房事，所以能够形神俱旺，协调统一，活到天赋的自然年龄，超过百岁才离开人世。

这段话说得很好。"食饮有节"，什么时候该吃，什么时候不该吃，该怎么吃也有讲究。"起居有常"，什么时候该睡觉，什么时候该起床是有道理的。但是现代人很难做到这一点，该睡觉的时候在玩手机、上网、聊天、吃夜宵，该起床的时候还在呼呼睡大觉，该吃早餐的时候不吃早餐，匆匆忙忙就去上班，该休息时不休息，不该休息的时候可能睡上一天，这都是不正常的，对我们的健康有不好的影响。

2012年有两件体育盛事，一件是欧洲杯，另一件是奥运会，都在西方国家举办。由于时差原因，我们观看直播时都在下半夜了。电视台的记者就问，怎样才能做到既能保证健康又能收看比赛？我说最好的方法就是不看，但这对于体育迷来说很难做到。没有办法中的办法就是不要一直干等到下半夜两三点钟再看，上半夜先睡一觉。晚上不要喝啤酒、吃烧烤之类的食品，可以煲一点粥，吃一些不太甜的甜点或是吃些面条。还有观看比赛时不要老是维持一个姿势，可以跟着比赛一起运动一下，看完后洗个澡，休息一下。实际上，还是发生了悲剧，有一位男性连续看了11天比赛后突然死亡。还有一位女性，看久了导致精神错乱，从阳台上跳了下来。另外还有一位男性，看完比赛后精神错乱，全裸在街上狂奔。

陶渊明先生有诗云："采菊东篱下，悠然见南山。"我们还有这样的心情吗？秋高气爽时，大家去采菊了吗？南山在哪里？南山不见，但是岳麓山还在。当年我们伟大领袖毛主席在湘江河边漫步时是怎样的豪情，还能想起来吗？"独立寒秋，湘江北去，橘子洲头。看万山红遍，层林尽染……问苍茫大地，谁主沉浮。"也许现在我们不需要那种豪言壮志，但是我们应该怎样享受先辈当年为我们创造的幸福生活呢？我们有没有机会去爬岳麓山，有没有机会休闲一下？刘禹锡有一首诗，"谈笑有鸿儒，往来无白丁"，事实上我们谈笑有鸿儒吗？往来有白丁吗？我们现在有的是"谈笑有酒肉，往来有麻将"。可不可以打麻将？可以，适当打麻将可以锻炼我们的手和脑，让我们心灵手巧，防止老年痴呆症，增加手指的灵敏度，增进邻里的友情。但是长时间、一天到晚打麻将就不行，必须要适可而止。

几年前世界卫生组织做了一个调查，结果显示，中国男性平均寿命72岁，女性74岁，排在世界第85位左右。但前段时间有媒体报道，中国人的平均寿命已经有所提高了。日本男性平均寿命79岁，女性86岁。日本的地理环境和自然条件比我们差，为什么他们的平均寿命却比我们要长呢？这是值得我们深思的。日本人比较讲究养生保健，而且把我们中国人关于养生保健的很多好方法学去了。不是我们做不到，而是我们没有认真去做。张学良在美国纽约庆祝100岁寿诞的时候，眼不花、耳不聋。很多记者问他："少帅先生，你为什么能活这么久？还这么健康。"少帅笑了笑，"女士们、先生们，不是我活得太久了，而是有很多朋友活得太短了。"

通过研究表明，人的寿命可以达到125~175岁，但是为什么我们很多人活不到这个年龄？从某种意义上讲，就是我们自己把自己的寿命亏掉了。打个简单的比方，父母把很好的基因遗传给了我们，就像给了我们一罐煤气，如果你打开闸门一天到晚大量地烧，这罐煤气很快就会烧完，生命也就殆尽了。但是如果你适当地烧，偶尔烧点柴替换下，那这罐煤气是不是能烧得久一些？同样你的生命长度也就会越来越长。

人类的健康综合研究表明，最主要的健康因素是我们自己。我们常说15%是遗传，10%是社会因素，8%是医疗条件，7%是气候条件，剩下绝大部分60%靠自己。世界卫生组织提出了健康的四大基石：第一个是均衡的营养；第二个是合理的运动；第三个是乐观的精神、平和的心态；第四个是足够的睡眠、戒烟限酒。我下面将以不同的形式来进行新的演绎，告诉大家怎么样才叫均衡营养，怎么样才叫合理的运动等。

现实是美好的，但毋庸置疑，我们的生存面临很多危险，人类赖以生存的三大物质——水、空气、食品污染比较严重。比如说水的污染。再有空气的污染，看天气预报大家注意一个新词，叫作PM2.5，PM2.5就是2.5微米的小颗粒，只相当于一根头发直径的1/20。这样的颗粒原来是不监测的，现在为什么要监测？因为这个颗粒可以直接进入肺泡，对我们的健康影响很大。如果天气预报报道有雾霾天气，而且PM2.5含量比较高，这样的天气里大家尽量不要外出。如果一定要外出的话，尽量戴上医用的布口罩，8 层以上的医用布口罩才有作用，最好是 KN90 或 N95 型口罩。

粮食也被农药、化肥污染。还有一些陈化粮食，甚至被黄曲霉素污染。前段时间某个大型米粉厂被报纸曝光了，他们用一些已被污染的粮食做成米粉销售到各处。长沙市每天消耗的米粉约 125 吨，现在有的米粉又白又不会馊，因为它含有添加剂，甚至加入了甲醛，这种米粉对健康有严重的伤害。现在省及市政府提出米粉零添加，是一件非常好的事。什么叫零添加？就是指米粉只能添加水和米，不允许再加其他东西。但是厂家能否做到这一点，还有待检验。在日常生活中，我们尽量不要食用太白的米粉、馒头、包子，太白的包子、馒头等有的是漂白了的。国家已经停止使用面粉增白剂，因为长期使用对我们的肝脏功能会有影响。

猪肉存在用瘦肉精的现象，瘦肉精对我们的身体是有影响的，特别是对一些高血压、心脏病患者，它可以诱发心脏骤停或脑溢血。如果长期大量食用瘦肉精猪肉，甚至会引起染色体突变，诱发恶性肿瘤，也就是癌症。央视就曾报道过某知名品牌"瘦肉精"事件，真是令人感到痛心。

中国是食品添加剂的鼻祖。很久以前，老祖宗就有食品添加剂了，比如酿酒，我们会用酒曲来发酵，做豆腐会用石膏，这些就是食品添加剂。现在我国批准了两千多种食品添加剂，只要严格按照国家法律规定的范围使用，对人体就不会有什么影响，但是如果添加过量的食用添加剂，必然损害身体健康。例如，很多夜宵摊，为了增加口感和色香味，肆意使用各种添加剂，而且多是合成的，这种混合的添加剂掺入食物中，确实能使人吃起来感觉很刺激、有味道，但是它们留存在体内却不能被完全代谢将对肝肾功能造成影响。

更可怕的是非食品添加剂，也就是化工原料，如苏丹红、碳酸氢铵等。有的人喜欢吃土鸡蛋，商家就将苏丹红拌入喂鸡的饲料中，鸡吃了这些饲料，生出的蛋黄就比较红、比较黄，让人误认为是土鸡蛋。我们在选择食品的时候，不要选择那些颜色太过漂亮的，因为它们很可能含有很多色素、农药和化肥等。

还有一个很重要的问题，药品的滥用。为什么我们这么喜欢吃药？有一个非常奇特的现象，我们可能上街找不到厕所，但说找不到药店肯定是假的，现在药店太多了。很多人头疼脑热等都不去看医生，而是按着自己的诊断去药店买药吃，这是不对的。有病必须看医生，在医生的指导下正规地服药，而不能自己随便买一些药。有的人会说乱吃药的原因主要是医生和医院，医院和医生确实有很大的责任，但是病人就没有责任吗？很多人一到医院就要求医生开药，开很多药。感冒了就要求打吊针，其实是没有必要的，感冒大多是由病毒引起的，除非合并了细菌感染、肺炎、高烧、喉咙痛，或者支原体、衣原体感染，可考虑使用抗生素，否则根本不需要用抗生素。乱用药物医生有责任，但是我们自己也有责任。很多人平时不注意保养身体，等病严重了才去找医生。但是要知道，没有一个医生可以做到妙手回春、药到病除。所以我们平常就要有养生保健的思想。服用药物第一是口服，第二是肌肉注射，第三才考虑静脉输液。现在很多的医院就是采用"三菜一汤"的治疗方法，抗生素、维生素、激素和输液。

在这里给大家支几招。如果是风寒感冒，就没必要打抗生素，用葱白、豆豉、生姜、大蒜子、紫苏叶熬水喝，在风寒感冒的初期喝两碗，休息一下，马上就会好。什么叫风寒感冒呢？西医中感冒就叫上呼吸道感染，而中医比较科学，把感冒分为风寒感冒、风热感冒等。风寒感冒的症状是比较怕冷，不怎么发烧，没有汗，头痛、鼻塞、流清鼻涕，咳嗽吐白痰，口不太渴，喜欢吃热饮，我们常说辛温解表，用上面的方子就很好。如果是风热感冒初期，比方说发热、头痛有汗、咽喉肿痛、咳嗽，特别是有黄色的痰、浓鼻涕，喜欢喝水，舌尖变红，舌苔黄黄的，我们就可以用薄荷、板蓝根、桑叶熬水喝，也可以用桑叶、金银花、菊花熬水喝，效果非常好。

另外还有化妆品的问题。对许多女性来说，使用化妆品是必需的，但是过度地乱用化妆品对健康是有影响的。女性朋友们在使用化妆品时，一定要做好打底防护，回家后一定要卸妆。因为化妆品含有对人体有害的重金属等，被皮肤吸收会影响健康。女性化妆主要是为了遮瑕，比如斑等。长斑的原因有很多，如内分泌紊乱、不恰当地使用化妆品等，此外妇科疾病也可能导致长斑，但长斑的根本原因都是气滞血瘀。建议有斑的女性朋友可以试试用玫瑰花、陈皮泡水当茶喝，如果是在空调房里，还可以在里面加一点姜丝暖胃。

现在骨骼疾病越来越多。关于骨骼健康常出现的一个典型例子就是骨质疏松。但是很多人说，我一直在补钙，为什么我的骨骼动不动就骨折了？其实只补钙是不够的，因为你不能保证补的钙一定会被吸收。补钙好不好？好，适当补钙是好的，但是什么时候吃吸收率高？吃饭的时候、饭前半小时或者饭后半小时吃都会让钙片吸收率提高。随着年龄增长，身体对钙的吸收率越来越低，除了补钙之外我们还要晒太阳，适当补充一些维生素 D、维生素 C 等。还有一点很重要，就是要补充复合骨胶原。为什么要补充这个？因为我们的骨头有两种物质：一种是有机物，另一种是无机物。无机物是由我们常说的钙、铁、镁、磷等组成的，它保持骨头的硬性或者脆性，如果只有矿物质那骨头就脆。另一种是有机物，有机物主要是蛋白，蛋白主要又是胶原蛋白。如果你补了钙、胶原，适当地晒了太阳，还有做运动，那你的骨骼会越来越健康。当然食疗是很主要的。骨质疏松等骨骼关节疾病现在越来越多，严重地影响生活质量，所以大家必须加以注意。

其实我们也可以通过自己的排泄物密切关注自身的健康状况。我们上完洗手间后不要立即冲掉排泄物，而应该站起来，往后深情地看它一眼，为什么要看它一眼？了解自己的健康。如果你的排泄物是些乱七八糟的东西，那你的健康状况是有问题的，一定要引起注意。大便最好一天两次，最少一次，现在有很多人上洗手间，"千呼万唤始出来"，不好。从今天开始，大家上洗手间，手机、报纸、杂志都不要带进去，因为那会影响我们的排便功能。此外还要限定大便时间，不要动不动一上洗手间就半个小时不出来。健康的排便时间是女性 4 分钟，男性 3 分钟。

对于女性朋友来说，一个比较典型的例子是卵巢早衰。女性如果还没有到绝经年龄而出现了月经紊乱、激素水平下降、骨质疏松、情绪容易波动、发胖、睡眠不好等症状，这可能就是卵巢早衰的表现。现在卵巢早衰的发病率越来越高，女性朋友一定要注意。现在很多爱美的女性冬天基本上不穿裤子，穿什么？穿短裙，其实这样非常不好。自己觉得很漂亮，但是寒气就从下半身进入体内，可能会诱发月经不调、痛经、内分泌紊乱、宫寒等，年老以后可能会诱发一些寒性病变等疾病。所以漂亮必须以健康为前提。现代人大都待在空调房内，夏天空调温度调得比较低，有些女性朋友属于阳虚体质，怕冷，这个时候最好拿个衣服披一披，不要对着空调吹。很多女性朋友阳虚特别严重，冬天特别怕冷，手脚冰凉、容易感冒。那怎么办呢？可以泡杯红茶或者黑茶，切点姜丝加两粒红枣、桂圆放入里面，这样吃可以暖胃、活血，还要注意衣服稍微多穿一点。

还有很多女性朋友追求骨感美，过度减肥，其实必须要有一定的脂肪才能维持身体的正常免疫功能和五脏六腑的正常功能。现代职业女性处于激烈的竞争中，工作压力和家庭压力都很大，这也容易引起卵巢早衰，还有抽烟、喝酒等也会导致卵巢早衰。卵巢功能早衰会导致月经不调、神经功能紊乱、失眠、发胖、毛发干燥、皮肤失去弹性、免疫力下降，容易引起心血管疾病、骨质疏松等，所以女性朋友们要特别注意合理饮食，不要穿太紧的内衣和紧身的裤子，否则会引起盆腔的血液循环不畅，更不要久坐不动，要适当地进行活动。中医养生有一个重要的理念叫作动静结合，坐一个小时就要活动一下。卵巢早衰就要避免久坐，不要吃太凉的食物，还要保持心情愉快。特别是女性一定要避免长期熬夜，更不要随便补一些激素类药物，也不要久坐电脑前或长时间玩手机。

我们经常面临工作压力、生活压力、环境污染、食品污染等，疾病也越来越多，我们该怎么办？其实在生活中，我们都在重复着很多不利于身体健康的习惯，日积月累身体必然会受到伤害。

《黄帝内经》中说："圣人不治已病治未病，不治已乱治未乱。"所以我们讲养生保健，预防摆在第一位。中国人的健康不能仅仅靠医生看病治疗，更要靠全民拥有健康意识，所以我们国家把每年的 8 月 8 日定为全民健身日。老子在《道德经》中讲："人法地，地法天，天法道，道法自然。"要想长生就要跟着自然走，只有跟着自然、顺应自然，我们才能达到健康长寿的目的。中医养生的一个重要观念就是天人合一，人要与天和自然同步，要跟着季节走，每个季节的养生方法是不一样的。比如秋季空气干燥、早晚凉，中医认为我们的肺跟秋季是相通的，所以在秋季要养阴。春夏养阳，秋冬养阴，要养肺，遵循自然才会健康。我们老话说"春捂秋冻"。为什么呢？因为人的气血是有规律的，跟自然界的树木是一样的。到春天树木的营养往外走，树就发芽长叶子，到秋天就落叶了。人也是一样，到秋天就要收藏，所以适当地冻一下，让毛孔收缩，气血往里走，如果你穿得很多，热得不得了，气血就往外走，就会散发。

养生不难，养生就是一种健康的生活方式，随着季节的节拍，跟着自然走，就能保持健康。但现在很多人该睡觉的时候不睡觉，而是在上网、聊天、打牌，该吃饭的时候不吃饭，不该吃饭的时候却在吃夜宵，该起床的时候不起床，还在睡懒觉，该高兴的时候却不高兴，每天都很忧郁，这样很不好。

我们要树立一个好的目标，要有好的心态。著名诗人苏东坡当年被贬到瓜洲时与一个老道相交频繁。老道经常开导他，他的心胸慢慢开阔了，越来越好了。他突然觉得自己很了不起，于是写了一首诗："稽首天中天，豪光照大千，八风吹不动，端坐紫金莲。"大概意思就是我现在心态特别好，什么样的名利之风都吹不动我。他命手下将诗送给老道看。老道看后笑了一声，在上面写了两个字"放屁"，然后请人送回，苏东坡一看气得要死，马上坐船过江，与老道理论。老道大笑说："八风吹不动，一屁过江来。"

要养成良好的心态、健康的生活方式，首先要有均衡的营养。"民以食为天"，但怎么吃是有讲究的，中国居民膳食宝塔的第一层是主食，是谷类，我们必须要吃适量的谷类，医学名字叫作碳水化合物，碳水化合物提供 60%～65% 以上的能量作为营养。每一粒谷类或种子都是一粒生命，稻谷也好、麦子也好、荞麦也好、玉米也好，都是一粒小生命。我们吃进去以后，自然界的生命就会在我们的体内变成生命的能量。当然也不是说要全吃精白面、精大米也要吃。五谷杂粮，如红薯、芋头、荞麦、小米，特别是小米煲粥特别好。北方的女性坐月子时一般都喝小米粥，这是很利于恢复身体的。粗粮的比例最好不超过主食的三分之一。

有很多人不吃主食，怕发胖。其实五谷杂粮除了提供能量、营养之外，还有一个重要的作用：解毒。我们身上有一些排泄、代谢毒素的通道，如我们的毛孔、鼻孔、眼睛、耳朵。所以五谷杂粮必须要吃，吃多少？每天至少 100 克，二两。当然也可以多吃一点，但是不能吃得太多，吃得太多确实容易发胖。但是每天至少二两，偶尔一两天不吃没关系，长期不吃就会出问题。

还有喝水的问题，现在的水太多了，活性水、分子水、离子水、弱碱性水等，但是，自然界不存在的水绝对不是什么好水。喝什么样的水？什么时候喝？所有人早晨起来必须喝一杯水。因为我们一个晚上没有进水，呼吸道会蒸发水分，毛孔会蒸发一些水，我们体内的血液黏稠度比较高，特别是一些患有心脑血管疾病的老年人更要坚持早起喝一杯水。那喝什么水？要喝与室内温度差不多的水，不要太凉，也不要温度太高，最好是凉白开。

我们喝矿泉水，不需要烧，但其实水的性质是寒性的，湿气重，对一些寒湿体质的人而言，喝没有烧开的水不好。水烧开了以后虽然还是一氧化二氢，分子没有改变，但是水的某些物理性改变了，寒性、湿性没有那么重了，所以建议大家还是喝烧开的水。怎么烧？水烧开以后不要关火，把盖子打开，让水继续沸腾两到三分钟，水中的消毒液会挥发，然后把火关掉，把盖子打开，不要把水灌进热水瓶里，因为有的热水瓶会渗出一些重金属，对人体有害。每天烧一次开水，开水不要久放，如果超过 24 小时，特别是在炎热天气，水里的亚硝酸会成倍增加。亚硝酸在人体内有可能产生亚硝酸氨，会有致癌的可能，所以水最好每天喝新烧的。

膳食宝塔的第二层是蔬菜、水果。要吃当季的蔬菜、水果。季节的存在是有科学道理的，阴阳平衡，五味俱全，气味相合，营养均衡。反季节蔬果大部分是大棚栽种的，人工作用太多了，且营养价值差、味道不好，虽然吃了也不会有太大的问题，但尽量还是要选当季的蔬菜和水果。

蔬果的农药污染越来越严重，该怎么洗菜、洗水果？洗完之后在池子里放点水，在水里放大概三四克苏打，然后把蔬菜放进去，泡 20 分钟左右。因为 95% 以上的农药都是有机农药，一碰到碱性就没有作用了，这是除农药最好的方法，是专家、教授经过长时间的实验得出来的结论。此外还可以用黄豆熬水，将煮出来的水留着放在冰箱，用黄豆水洗菜，黄豆水也有很好的除农药作用。

我们在买蔬菜的时候要注意，太漂亮的蔬菜不要买，比如藕太白了，可能就是经过氧化氢、柠檬酸漂白的，有的甚至用福尔马林漂白。水果也是一样，颜色太漂亮的、反季的水果尽量不吃。市面上的枣子，如果舔一舔枣皮都是甜的，一定是用甜蜜素泡过的，甜蜜素虽是国家批准的食品添加剂，但它是不允许添加到水果里的。

膳食宝塔的第三层是禽类、肉类，这两类食物都要适当吃点，蛋类也是。蛋类含有非常完美的蛋白质，如果没有高血压、心脏病、血脂高、脂肪肝，可以每天吃一个鸡蛋，最好是煮鸡蛋、蒸鸡蛋，用油煎也可以。如果血脂高、肥胖，每个礼拜吃三到四个鸡蛋也是可以的。蛋黄一定要吃，虽然蛋黄里确实有胆固醇，但是胆固醇是人体需要的。蛋黄里除了胆固醇之外还有别的对我们的大脑、身体有好处的物质，所以每天要吃一个鸡蛋。

大家每天可以吃一个鸡蛋，喝一杯奶或者一杯豆浆，奶类可以选牛奶，如果对牛奶过敏，可以选择酸奶，也可以选羊奶，特别是一些对牛奶过敏的小孩及身体体质差的成年人可以适当喝点羊奶。因为羊奶分子量比较小，只相当于牛奶的1/3，蛋白质容易吸收，而且乳清蛋白含量高，矿物质的含量都高于牛奶，里面还有一些独特的物质，比如免疫因子等。

要喝牛奶、羊奶最好还是到市面上去买成品，尽管有些奶类产品存在一些问题，但牛奶、羊奶依然是最好的食品之一，而且它们的补钙效果特别好，奶里面的钙特别容易被吸收，还有优质蛋白质、矿物质都特别好。还有奶制品，比方奶酪和豆制品，都可以食用一些。

需要注意的是，油不能吃得太多。选择什么样的油？我们可以适当选择本土生产的。俗话说一方水土养一方人，一方食物也养一方人。湖南有茶油、菜油、猪油，也有其他的油，如花生油。如果患有血脂高、动脉硬化等，猪油就少吃，多选择植物油。选什么油呢？选小瓶装，不要买大桶的。因为三五个人一大桶油要吃很久，不如买小瓶装的，今天茶油，明天菜油，后天葵花子油、花生油、橄榄油等，轮换着吃。

油不能吃得太多，盐更不能吃得太多，盐吃多了会诱发高血压，引起肥胖。

均衡饮食对保持健康是十分重要的。秋季天气干燥我们可以用菊花、枸杞、绿茶泡水喝。脾胃虚弱、容易失眠的人，可以吃山药、红枣，因为它们有健脾、补气、养血、安神的作用。煲粥喝也很好，粥是老百姓的人参汤，是最补身体的，热量又不高，女性朋友不用担心吃了会发胖，老年人也容易吸收。有糖尿病的人可以加一点杂粮，不要全是粳米粥，否则血糖会升得很快，用一点高粱、荞麦、燕麦就好了。百合莲子粥适合秋季食用，对于更年期失眠、烦躁、心情不好的人来说，它可以达到滋阴、健脾、养心、安神的作用。此外，用银耳、大枣、雪梨、莲子煲汤都是可以的。

有病要吃药，没病的时候我们可以选择一些食疗。《红楼梦》里有很多养生的知识，其中有茯苓，他们每天早上一起来就吃5克，怎么吃？《红楼梦》中富贵人家用人奶来冲，我们可以用牛奶来冲，用开水冲，可以养颜、美容、利水。茯苓是一味中药，是药食两用的，没有什么毒性。长沙湿气重，如果大便稀，脾胃功能不好，就可以用茯苓加红枣再加红豆煲粥吃，效果非常好。

还有黄芪、白芍煲粥吃也可以。现在很多人便秘，原来是老年人便秘，现在年轻人也便秘，有的人是因为缺水，吃蔬菜水果有效。有的人是气虚便秘，可以用人参、黄芪、山药煲粥喝，健脾胃、补脾气，增加排便能力。如果老年人解大便不畅，可用黄芪、人参、山药煲粥喝，用黑米、红米、白米煲粥也可以。

中医的老祖宗讲"五谷为养"，我们要想健康，必须吃五谷杂粮。"五畜为益"，适当吃点肉类有助于营养。"五菜为充，五果为助"，补充一些膳食纤维和维生素。所以大家不要动不动就吃药，首先要重视食疗。当归、熟地、黄芪、生姜各5克煲汤，有预防和治疗卵巢早衰的作用。有的人要瘦身，也不要动不动就吃药，有的药物对人体影响很大，绝对不能以伤害自己的健康为代价。用干荷叶、干山楂、陈皮泡水喝是不错的瘦身方法。

其次就是通过合理的运动来养成健康的生活方式。运动很重要，但是合理的运动才是真正有益于健康的。很多人只知道运动，但乱运动会出事的。患有心血管疾病的老年人，秋季或冬季早上比较寒冷的时候，或是任何季节太阳没有出来的早上，最好不要外出运动，因为早晨血压偏高，再加上外面天气寒冷，有可能诱发心脏病发作。运动到极限时也要停一停，数一数一分钟自己的脉搏次数，加上年龄数字绝对不能超过170，超过170继续运动就会有危险。

老年人见太阳才运动，怎么运动？有氧运动，比如步行、慢跑、游泳、骑单车、跳广场舞等，但游泳不适合所有人，寒湿体质、阳虚体质的人就不太适合游泳健身。如果一定要游，游完以后一定用干毛巾把身上全部擦红，去掉湿气。此外，不建议 40 岁以上的人以上下楼梯的方式健身，也不建议在跑步机上跑步，因为这样做对膝关节的磨损比较大。如果外面下雨，在家里的跑步机上走一走是可以的。还有打网球、打羽毛球也不太适合老年人。我们要坚持每天运动，将运动变成我们的一种生活习惯，因为运动会使我们的体内产生很多有益健康的物质，我们叫它快乐物质、健康物质。运动会让我们的骨骼更健康，让我们的心血管更好，让我们更年轻，所以运动是最好的养生方法。

有很多中医养生体操，如太极拳、八段锦、易筋经，我们也可以学着练一练。现在我们伏案工作太久，坐得太多运动得太少，长时间看手机、玩电脑、打麻将导致颈椎、腰椎毛病特别多。

现在很多老年人膝关节有问题，怎么办？我们看电视时不要老是坐着，也可以站着看，把脚弯一点，弯得受不了的时候再直起来，然后又弯下去，弯的时候，脚会很酸，但这样对膝关节有很好的修复作用。我们可以"金鸡独立"，这样做对下肢比较好。每天坚持合理的运动，在运动前一定要做准备，要活动一下关节再做，避免扭伤、拉伤。

此外，健康的生活方式也离不开愉快的心情。愉快的心情是最好的良药，另外还要有充足的睡眠、戒烟、限酒。通过保持良好心态，养成健康的生活方式，我们才能更好地享受生活，获得更多的幸福感。

食品安全与营养健康

李定文[●]

人的健康和生命主要由什么决定？世界卫生组织做了一个统计，具体到每个人会有些差异。但是全世界 70 多亿人，统计结果基本上是这样的：15% 与遗传有关，10% 与社会因素有关，8% 取决于医疗条件，7% 与气候条件有关，60% 取决于我们自己的生活方式和生活习惯。所以身体的健康60% 以上靠的是我们自己。

人类要想活得健康，必须要有适当的措施。什么措施呢？世界卫生组织表明，人要想健康，有四个最重要的基础：第一个是均衡的营养，怎么吃是很重要的。相关研究表明，人类疾病的 60% ~ 70% 都与饮食有关系，特别是很多癌症。中国有句话说得好，"民以食为天"，同时还有一句话叫

● 作者简介：李定文，湖南中医药大学第一附属医院治未病中心副主任、主任医师，世界中医药学会联合会中医健康管理专业委员会常务理事，中国中西医结合学会营养学专业委员会委员，国家首批健康教育专家，获首届"湖南省三湘好医生"奉献公益奖，湖南省营养与健康学会主任委员，湖南省养生协会常务理事，湖南省药膳食疗研究会副会长。曾接受中央电视台、湖南卫视、湖南电台等省内外多家电视台、电台就有关中医养生、营养健康、食品安全等节目的采访，担任湖南卫视"天天向上、好好生活"的特邀嘉宾主持，湖南经视"越策越开心"特邀嘉宾主持、"晨报大讲堂"特邀主讲人，"湘图讲坛""黄帝内经"主讲人，"国医国学"大讲堂主讲人，湖湘大学堂特聘养生专家。接受过腾讯、人民网、新浪、搜狐、红网等知名网站在线访谈。曾受邀在全国部分高校、党政机关、部队、企事业单位、社区做过多场讲座，出版专著多部、发表论文多篇。从医 30 年，有丰富的临床经验，特别是在中医体质调养、健康管理、营养指导、四高（高血压、高血糖、高血脂、高尿酸）的中医调治，女性的养生调理，中医清调补养等方面有独到的方法，还自创针对现代人的中医养生操，简单、易学、实用。

作"病从口入"，如果我们吃得不对，或者吃得不合适，就有可能引发一些疾病。所以世界卫生组织提出摆在第一位的就是均衡的膳食。第二个是合理的运动，要想健康必须合理地做一些运动。现在有很多人做运动，但是他的运动也许并不适合他个人，每个人要做什么样的运动其实是要经过评价的，一是强度，要做到什么程度？有一项运动是大家都适合做的，就是走路，而且是快走。大家不要小看走路，走路是最好的运动，最经济、便捷且效果最好，但走路有讲究，走路在什么时候走呢？这就是运动的时间，时间也是有讲究的。不要太早，上午、下午和晚上都可以，但是冬天、秋天早晚凉快的时候，不提倡大家过早起来运动。特别是老年人，有高血压、心脏病、血脂高的更不提倡早起运动。很多运动不太适合一些上了年纪的人，比方说上下楼梯、爬山、打羽毛球、网球、跳绳等，因为这些活动对膝关节磨损比较大。第三个是乐观的精神、平和的心态。第四个是足够的睡眠、限酒、戒烟。

我国其实特别重视食品安全，2009年就通过了《中华人民共和国食品安全法》。讲到食品安全，大家可能都觉得现在食品越来越不安全了，发现的问题也越来越多了。其实，食品安全问题是全球性的，全世界都有，不仅仅只存在于中国，我们不要以为国外的食品就一定是安全的。实际上，我们的食品是越来越安全了，大家可能会认为这话不实际。既然食品越来越安全了，那问题为什么还越来越多了？原因是多方面的，第一，原来我们没有关注、根本不知道的食品问题，因为党和政府关心了，执法部门关心了，新闻媒体关心了，很多问题暴露出来了，所以大家就都知道了。当今由于信息交流发达，只要有问题大家马上就能知道，所以并不是食品越来越不好了，而是大家发现问题的途径越来越多了。第二，食品问题是全球性的，世界上很多国家和地方都有食品安全问题。所以食品安全问题并不仅仅是中国才有。大家买东西首先要看包装上有没有质量安全标志，如果包装上面没有，这个食品肯定不行。另外，大家还要注意观察有没有绿色食品标志，现在食品分成很多种，有无公害食品、绿色食品、有机食品，哪种食品最好呢？最好的是有机食品，然后是绿色食品，接着是无公害食品。保健食品也有标志，有些中老年朋友可能会吃保健品，没有保健食品标志的就证明它不是国家认可、批准、检验合格的产品。营养保健品的标志下面有中华人民共和国卫生部或者国家食品药品监督管理局批准的文号，在电脑上查一下是不是有这个批准文号，这个批准文号的名字跟保健品的名字是否一样，如果不一样，那它就是假冒的。现在国家批准的文号有三个，第一个是药准字号，国药准字号，我们到医院、药店去买药，药品上都有国药准字号。第二个保健食品，中华人民共和国卫生部或者国家食品药品监督管理局批准的文号，这是保健品。第三个就是普通食品。所以我们挑选食品要看 QS 标志，买药要看药准字号，买保健品要看健字号。

关于食品安全，我们先看看别的国家的情况。第一个是日本，日本对食品安全的管理客观地说还是要求比较严格的，但是日本这几年发生了很多食品安全问题，比如说日本一个著名的企业，收购过期的牛奶用来做糕点，被员工爆料了。还有用猪肉冒充牛肉等这样的情况，甚至把地沟油卖到了中国台湾。美国也有食品安全问题，问题鸡蛋、问题瘦肉等这样的事情也有很多。英国出现了疯牛病，还有奶粉碘超标等。还有加拿大食品污染、德国毒黄瓜事件、瑞士的食品问题，以及肯德基的问题豆浆，麦当劳的鸡肉里面含有化学成分，等等。

讲这些是要说明什么呢？是为了说明食品问题是全球性的，很多人到超市去买东西，就认为外国的食品一定比中国的好，只买国外的食品，其实国外的食品价格要高出我们国内的一半以上，甚至更高，我们就买本国的食品就可以了。某国一个品牌的矿泉水在超市卖 12～18 元一瓶，据说产自某国的一个小镇，这个地方的水非常好，但是也查出里面亚硝酸超标，亚硝酸进入人体可能变成亚硝酸胺，它有致癌的作用，这么高级的矿泉水亚硝酸也超标，所以说，国外的食品并不见得就一定比国内的好。还有外国的矿泉水在我国卖 168 元一瓶，我想告诉大家，自然界不存在的水，都不是什么好水。现在卖的水很多叫小分子水、活性水、离子水、太空水等，到底有什么作用现在很难说，我个人觉得就喝白开水比较好。

以上是国外的一些食品情况，现在看看国内的，国内这些年由于生活的发展、社会的进步，污染同样也存在，我们人类赖以生存的三种主要物质——水、空气、食品在很多地方确实受到了不同程度的污染。第一个是水污染，现在水污染确实比较严重。第二个是空气污染，天气预报原来不报的 PM2.5，现在开始预报了。什么是 PM2.5？PM2.5 指大气中直径小于或等于 2.5 微米的颗粒物，这个颗粒物可以直接进入肺部，对人体健康影响很大，如果 PM2.5 浓度过高，我们就尽量不要出门。那我们出门上班、买菜怎么办？建议戴口罩。戴什么口罩？戴医用的布口罩，最好防 PM2.5 的专业口罩，那种简单的口罩过滤不了这些颗粒物。在这样的天气也不要出门运动跑步、晨练，有雾的天气、灰蒙蒙的天气切记不要运动，否则得不偿失，对身体产生伤害。

第三个是食物污染。很多人喜欢吃方便面，我个人建议大家不要吃方便面，因为它不是健康食品。通常情况下我们尽量不要吃，如果到外面野营，实在不方便携带食物，带一盒方便面吃一下还是可以的。但是吃的时候最好把面饼拿出来，放到另外一个碗里冲泡，因为方便面的盒子里面涂了一层防护剂，这个防护剂遇到高温，有可能释放出不利于健康的物质。如果有碗就把它拿出来泡，没有碗怎么办？那就先倒掉第一道水，佐料包特别是油包和盐包，只放一半，不要全部放进去，否则的话，油超标、盐也超标。方便面是典型的高能量、高油脂、高盐三高食物，大家尽量少吃。

现在的粮食也存在污染问题。很多米买回来很久都不长虫，这样的米也是有问题的，什么问题呢？第一是过分地抛光、上蜡，如果米特别漂亮、特别好看，抓一把仔细闻一下，可能会闻到一种异常的气味。买米的时候首先要看上面的 QS 标志，还有一些已经发霉的陈化米。粮食一旦发霉，最容易滋生黄曲霉素，会影响人体健康。

还有水产品，为了保持新鲜，用很多物质保存它们，让它们能够活得更久一些，有些物质对人体有致癌的作用，特别是海鲜超市，你买了活的海鲜，然后交给厨房做，你就坐在包房里等他送海鲜来，但是送上来的很可能已经不是你选的海鲜了，是什么海鲜呢？是死了的海鲜，活的海鲜会马上送回去再养，海鲜超市做给你吃的有一些都是不新鲜的海鲜。所以不建议大家到超市选了海鲜后让当地的厨房加工，如果自己不会做只能要别人加工，那就跟着海鲜走，海鲜到哪里你到哪里。

我们买菜的时候也要多注意，比如买蘑菇，不要买太白的、太亮丽的，因为很可能就是用漂白粉漂白的。这是北京的一个小学生通过实验发现的，很多检验单位都没有发现，这个小学生觉得蘑菇白得奇怪，于是在市面上收了 37 个标本做实验，发现其中 35 个标本都有荧光增白剂。增白剂进入人体可以引起人体基因突变，诱发肿瘤。还有有毒的豆角，这些豆角从生长一直到餐桌，基本上会被添加很多种添加剂。还有一滴香事件，一滴香、万里香、万里飘红食物添加剂，有的是国家批准的，有的是化工原料，比如我们到外面去吃火锅，如果用骨头汤、鸡汤、牛腩熬的火锅底料，成本在 8~10 块钱左右，如果用一滴香来模拟各种口味，一瓶一滴香可以加 6 吨水，一滴香价格是 20 元钱一瓶，批发商卖 18 元钱，一盆火锅底料只要加几滴，就可以模拟成各种口味，鸡肉口味、牛肉口味、猪肉口味、鱼火锅，而成本大概是 1.1~1.3 元。还有爆米花，我们到电影院看电影会闻到爆米花特别香，这种爆米花尽量少吃，它里面添加了很多种添加剂，比如氢化油、甜味剂等，吃了不利于健康。

大家去超市要特别注意，第一要看一下有没有 QS 标志，第二一定要看包装是不是完整，上面有没有国家规定的商品名称，有没有配料表，配料表非常重要，我国规定配料表排在第一位的就是含量最高的东西。还要看有没有足够的含量，不要图便宜，看到大包装便宜些，小包装贵些，就盲目选择大包装，一定要看清楚净含量。第三要看有没有厂名、厂址、电话、生产日期，电话打不打得通，有没有这个地方，看有没有保质期，还要查一查保质期标识是不是重新贴上去的。还有国家的产品资信标准等，把这些东西看明白了以后，还要看看食品外观的颜色、闻一闻气味。现在的食品一般是密封包装的，一定要仔细看清楚里面有没有问题，这个很重要，特别对那些打折、促销的食品要特别注意。买东西还要把小票留下来，东西吃完了没有什么问题小票才可以丢。如何辨别包装的食品，一定要看颜色、生产日期，通过颜色观察是否为过期食品，看生产日期有没有模糊，是否一擦就掉，或者根本没有生产日期。电视台曾报道一些学校、幼儿园旁边有很多小超市，卖小包装的食品，五角钱一包。大家想一想，一包食品才五角钱，原料商要不要赚钱？制造商要不要赚钱？批发商要不要赚钱？零售商要不要赚钱？总共才五角钱，那它里面能有什么东西给你吃？这个食品你敢吃吗？还有市面上的有些奶茶，里面既没有奶也没有茶，里面一粒粒的珍珠果，嚼起来很舒服、很有韧劲，但那不是珍珠果，那什么东西做的？用明胶做的。我们喝的那不是奶茶，是一杯化学合成液体。还有快餐店里的奶昔，那是几十种化学成分合成的东西，这些东西我们最好都不要吃。对于超市自己生产的产品也要特别留神，那是什么时候生产的？没有标明生产日期的散装食品，卫生不能保证，昨天吃了没出现问题，今天吃了也没问题，但是会有很多问题在你体内慢慢累积，可能会诱发一些疾病，这些病不一定马上就会出现。买东西时还要注意，太便宜的东西要打个问号，有的东西其价格低于它的价值，我们就要想想这个东西为什么会这么便宜？超市里的卤牛肉卖十几块钱一斤，但是牛肉多少钱一斤？牛肉本身远不止十几块钱一斤，卤好的才十几块钱一斤，这个牛肉正常吗？它可能是用猪肉做成的，里面加了大量的淀粉和牛肉膏。还有烤鸡，促销的时候一只烤鸡才卖五块钱，甚至十块钱三只，这样的烤鸡大家敢吃吗？所以我们不要贪便宜。

市面上还有一种菜藕，藕是很好的食物，特别适合秋季吃。藕有几个孔？一般是九个和七个孔。那七个孔和九个孔的藕有什么区别吗？哪个炖着吃？哪个炒着吃？很多人吃过七个孔的藕，它含淀粉比较多，炖着吃比较好。九个孔的藕凉拌着吃、炒着吃最好。但是买藕的时候要注意，如果藕特别白，特别嫩，那就不要买。藕刚从泥里挖出来的时候是雪白的，但是放几个小时就不会那么白了，但菜市场上有的藕怎么永远那么白呢？那都是用过氧化氢、柠檬酸漂白的，食用了这样的藕对人体是有害的。还有我们在市面上买的猪脚、鸡爪，有些也很白，为什么那么白？也是漂白的，用过氧化氢，甚至福尔马林。所以太白、太亮的食物不要买。买枣子的时候拿一粒舔一舔，如果枣子皮都是甜的，那也不要买，肯定是甜蜜素泡的。甜蜜素是一种人工合成的甜味剂，虽然是国家批准的食品添加剂，但是不能用于水果。还有很多水果外表很漂亮，像橙子，那可能是染色的。拿橙子在纸上擦一擦，如果擦出颜色了，这样的橙子就不要买。很多水果都要喷蜡，这是国际惯例，喷蜡让水果保持久一些，不挥发水分、不流失营养素。用食用蜡来喷，一箱水果要增加 4 元钱的成本。现在很多人为了降低成本，改用工业蜡来喷，喷一箱水果的成本就只有 0.96 元，所以买水果时要仔细闻一闻，擦一擦，买回来以后要尽量清洗干净。很多人说水果皮富含很多营养，但是我个人认为还是把皮削掉好一些。

除了安全饮食之外，还有营养与健康，我们要想健康就要吃五谷杂粮，现在很多人，特别是女性，为了身材苗条就不吃主食了，这是错误的。主食就是能量就是生命，吃进去以后会转化成生命能量。五谷杂粮除了提供能量之外，还有解毒、排毒的作用，所以长久不吃对身体是有影响的。当然五谷杂粮吃多了确实会发胖。最少吃多少？二两，每天至少要保证二两到三两，不仅仅是白面、大米，红薯、芋头、高粱、荞麦、燕麦都要吃，特别是吃燕麦对高血压、心脏病、糖尿病特别好。但是买燕麦不要买燕麦片，要买一粒粒的燕麦，燕麦片里面几乎没有燕麦。燕麦片口感特别好，水一冲特别好喝，又香、又甜，但里面有很多对健康不利的东西，如添加物、蔗糖等。燕麦是一粒粒的，买回来后要煮了再吃，吃起来口感不太好，但营养很好。

《中国居民膳食指南》膳食宝塔的第一层还有水。水是必须要喝的，特别是早上起来必须要喝水，怎么喝水？喝白开水就比较好。自来水烧开以后，不要停火，把盖子打开，让水沸腾两到三分钟再关火，开水放置一天，亚硝酸会增加，亚硝酸对人体是有害的，亚硝酸盐在人体内可形成致癌的亚硝酸胺。所以建议大家不要一瓶开水喝几天，最好是喝当天烧开的。还有就是家里的饮水机滤芯清洗过没有？饮水机滤芯里面有大量的细菌，很多家庭用饮水机，如果你没有能力清洗的话，尽量不要用。

水为什么要烧开喝？水的性质我们讲了，寒性、湿性很重，烧开以后分子没有改变，还是一氧化二氢，但是水的性质改变了，没有那么寒。特别对一些寒性体质的女性，湿气比较重的人，最好烧开以后喝。

《中国居民膳食指南》膳食宝塔的第二层是蔬菜、水果。蔬菜、水果肯定要吃，蔬菜要吃当季的蔬菜，自然界为什么这个季节生长这个菜，这是有道理的。当季蔬菜四气五味俱全、营养平衡、丰富，而反季蔬菜的营养价值要少很多，而且农药和化学激素用得多一些。我建议大家食用当季的花、叶、茎、根、果。吃蔬菜不要老吃几样，最好每个品种都吃一点。

蔬菜要怎么洗才能洗干净？我个人建议从现在开始停止使用洗涤剂，洗涤剂洗蔬菜不但去除不了蔬菜上的残留农药，还会增加新的污染。有关机构已经做了相关实验进行了验证。那用什么东西来洗蔬菜？用盐、淘米水洗实验效果不好。他们得出的结论是用碳酸氢钠或者碳酸钠洗蔬菜比较好，就是我们发面用的、超市里卖的一袋袋的小苏打。往洗菜池子里的水中加 4~5 克苏打，苏打会分解成二氧化碳和水，对人体没有什么害处，把蔬菜泡进去，泡 20 分钟，不超过 30 分钟，可以去掉 95% 的农药。还有一种方法就是在流动的水下清洗 4 次以上。每天应当吃多少蔬菜？每个成年人每天要吃 500 克蔬菜，为什么要吃这么多蔬菜？因为蔬菜为我们提供丰富的维生素、矿物质和膳食纤维，而且蔬菜可以增强肠道蠕动功能，有利于排便，所以要多吃蔬菜。

水果也要吃当季的。有人说饭前不能吃水果，有人说饭后不能吃水果，其实大家想什么时候吃就什么时候吃。还有很多理论，比如空腹不能喝牛奶，小孩子生下来才几个月，如果空腹不能喝牛奶，那我们是不是还得先喂上一碗饭以后再喂牛奶，问题是几个月大的小孩怎么吃饭？没有这种怪事。还有很多传言说哪些食物是相克的，加在一起吃了以后就会死，比如甲鱼加苋菜吃了以后死得快，还有讲吃了河虾再吃维生素 C，等于吃砒霜。其实，人体内的反应和体外的反应是不一样的。不能把复杂的人体消化吸收代谢，等同于体外化验室简单的化学反应。所以不要相信网上那些传言。不恰当的搭配可能会影响到食物的口感和营养吸收，但是不会死人。古代为什么有这么多传说？古代科技不发达，正好吃了这个东西引起过敏或者其他症状，还有可能这个食物本来就被污染了或者进食者本来就生病了，所以跟食物没关系。我们怎么搭配食物效果才能达到最好？像猪肉煮牛肉，牛肉煮鸡肉，这种搭配就不合适，但是猪肉炒辣椒，猪肉炖红薯粉是可以的，种类差异比较大，所以搭配着吃的效果要好。食物虽然不相克，但是寒、热、温、凉，有四气五味，有寒性、凉性的，食物也要根据体质来搭配，寒性体质的人就不宜吃太寒的食物。如果是热性的体质，就要少吃一点温性食物如狗肉、羊肉。有人问喝豆浆时可以吃鸡蛋吗？可以吃，但前提是必须把豆浆煮熟，没煮熟的豆浆里面有问题，也不建议大家吃生鸡蛋。

《中国居民膳食指南》膳食宝塔的第三层是禽、肉、鱼、蛋类，有人不吃肉，有很多人又太喜欢吃肉，不吃和吃太多都不好，适当地吃才有益健康。肉叫作荤菜，古代荤菜的荤与发昏的昏有相通的意思，肉吃多了有可能导致血压高、脂肪肝，血脂高就容易诱发脑中风、发昏。而蔬菜的蔬就是疏通的疏，所以多吃点蔬菜可以疏通我们的身体。还有精神的精，一个米字加一个青菜的青，不吃五谷杂粮没有精神，这也是有道理的。

吃鸡蛋很好，市面上有土鸡蛋、洋鸡蛋等。大家到超市一般买什么鸡蛋？不要太纠结，选最新鲜的就好，蛋上有一层膜，摸着有些粗糙，很新鲜。土鸡蛋、洋鸡蛋营养价值其实差不多，但是土鸡蛋的口感要好一些。还有奶，奶是非常好的，含钙高，还特别容易吸收。要想健康，特别是骨骼健康，就要多喝奶，喝牛奶，也可以喝羊奶。喝奶补钙，补钙要怎么补？第一是直接补钙，第二是晒太阳，特别是对于阳虚体质的男女，冬天特别怕冷、经脉不通、不舒服、脸上长斑、大小便不好、晚上睡眠不好，晒太阳是最好的。怎么晒？到自家阳台，全裸趴着晒半个小时。为什么要这样晒？背上有督脉和膀胱经，督脉是人体最大的阳脉，只要坚持晒一段时间，很多病就可能好了。偏头痛、容易感冒、睡不着觉、冬天特别怕冷、月经不好，通过晒晒太阳身体会越来越棒，脸色会越来越好看。

不仅仅是补钙，还要补胶原。我们的骨头除了无机物、钙、铁、镁等，还有有机物就是胶原。钙、铁和镁保持骨头的硬性和脆性，但是要有一定的韧性就要补胶原，胶原保持骨头的韧性。有的说喝骨头汤补钙行不行？骨头汤补钙是不可选的，骨头汤有什么好处？骨头汤可以补胶原。熬骨头汤的时候，熬好以后不要喝，把它放置一段时间，去掉上面那层油，第二天再喝。骨头汤在世界卫生组织推荐的最好的饮料中排第六位。油不能吃得太多，盐更不能吃得太多。油、盐吃多了会发胖，增加患心血管疾病的概率。还有大豆、花生、核桃、榛子、板栗等坚果，每天吃点对身体有好处。

我们的老祖宗在 2000 多年前的《黄帝内经》里就提出五谷为养、五果为助、五畜为益、五菜为充，这是世界上最早的营养均衡膳食理论。"五谷为养"指谷类、薯类、豆类是养育人最基本的食物；"五果为助"指的是水果、坚果有助养身和健身之效；"五畜为益"指肉食对人体有补益作用；"五菜为充"则指蔬菜有丰富的维生素、矿物质和膳食纤维。这就是告诉我们，五谷杂粮、蔬菜、水果都要吃。有人说就爱吃素，我不反对你的信仰和爱好，但是如果吃全素的话，从身体健康的角度出发，建议加两样东西，一样是全脂牛奶，另一样是鸡蛋。说到全脂牛奶，现在很多人买牛奶的时候，怕喝了发胖，就选低脂牛奶。其实牛奶里面的脂肪含量很低，一瓶牛奶才含几克脂肪，所以没有必要一定选低脂的。

除了五谷杂粮、碳水化合物外，蛋白质也少不了，肉类、鱼类里面都有丰富的蛋白质。此外还有脂肪肉类，这三种物质给我们提供能量，我们的热量就靠它们提供。什么叫热量？我们吃了它就能够活动、做事、长高。这三种物质可以转化，比如蛋白质、碳水化合物吃多了，在体内可以转化成脂肪，它们都可以转化成热量。但是吃多了，就会在体内储存变成脂肪，所以为什么会胖呢？说白了就是吃得多，消耗得少。现在很多人减肥，但不要过度甚至恶意地减肥，特别是女性，必须要用脂肪来维持你的体型或者内分泌。男性也是一样，不能太瘦，太瘦了抵抗力就差。所以，只要体重不超标，在正常范围之内，就不要减肥。减得太厉害，不利于健康，一定要维持一定的脂肪，维持正常的体重。太胖了有很多疾病，高血压、心脏病、糖尿病、痛风等都会来，因此维持一个匀称、正常的体重是非常重要的。

我们要均衡膳食才能拥有健康，要养成不偏食、不挑食的健康饮食习惯。膳食纤维也要引起我们重视，它富含在蔬菜、水果里面。膳食纤维有什么好处？便秘的人要多吃蔬菜水果，就是因为它含丰富的膳食纤维。为什么要吃五谷杂粮？因为里面含膳食纤维。中国人摄入的膳食纤维还远远没有达标。

再来说一说食品添加剂。什么叫食品添加剂？磨豆腐时加入石膏，石膏就是添加剂。我国有 2700 多种食品添加剂，比方说我们吃的糖就是加了食品添加剂的。我们吃的面包这么好吃、这么蓬松，也是因为加了添加剂。我们吃的冰淇淋又好看又好吃，也要加添加剂，一支冰淇淋至少要加十几种添加剂。其实，只要是按国家规定添加的，身体都可以代谢排出，没有关系的。但是如果摄入的添加剂超标了，身体就有可能代谢不了，添加剂就会在体内积蓄，会影响健康，影响正常的生长发育，人体的机能会下降、细胞会衰弱，甚至会提前进入更年期，可能会发胖，可能会基因突变，肝肾功能也可能被破坏，严重的可以致癌。我国的添加剂有什么使用要求呢？第一个要求是必须按国家的规定加添加剂量，第二个要求是能不加尽量不加，能少加的尽量要少加。添加剂确实有它的作用，超市里那么多食品，没有添加剂就无法保存，食品就会变质，还会滋生大量的细菌，对人体更加有害。我们必须客观地认识添加剂，但是最令人担忧的是食品中被加入了不是添加剂的东西。我们不要买口感太好的食物，更不要买颜色太绚丽的食品。自然界没有这么多口感特别好吃的食品，都是我们自己过分追求口感，商家为了符合我们的口感才做出这些东西，因此我们必须把自己的口味调过来。现在很多人不喝水只喝饮料，我坚决反对年轻人喝饮料代替喝水，一瓶饮料里至少有 30～60 克糖，有人说那就喝果汁饮料，事实上里面哪有那么多果汁，是加了很多添加剂。

买东西一定要注意，有机食品、无公害食品、绿色食品是比较好的。我们选用油的时候，不要选大瓶装的，油要不停地轮换着吃，橄榄油很好，但是橄榄油不是最好，茶油、葵花子油、菜籽油、花生油等都是好的选择，我们可以买小瓶油不停地轮换着吃。注意油一定要密封放在阴凉、背光的地方，不要让太阳直射。

很多食品包括方便面说绝不含防腐剂，这句话是对的，是没有加防腐剂。但是它添加了抗氧化剂、稳定剂，食品中的添加剂剂量必须在一定的范围之内，过度添加对人体有害。

现在有的豆芽又胖又嫩，还没有根，我们可以想象豆芽里面被添加了什么。想吃豆芽怎么办？也可以自己动手做豆芽。我们会发现，自己种的豆芽不好吃，又瘦又有根还比较硬，与超市里买的豆芽相比差很多，但是这个豆芽是真正的豆芽。另外，我们买面粉的时候不要买太白的，太白的是添加了增白剂。还有腐竹，我不建议在外面经常吃腐竹，因为有的是有问题的。买海带时也要注意，如果这个海带又绿、又漂亮、又厚，我们最好也不要买。还有市面上的卤菜，国家有明文规定，超市的凉菜、卤菜一定要在封闭的状态下，4 个小时内要卖完，没有卖完就要销毁，但是现实情况是基本上没有一家超市这么做。国家为什么这么规定？因为 4 个小时后卤菜就会滋生细菌。很多超市的凉菜、凉拌菜根本没有密封，很多都是敞开的，更要注意这个问题。

还有豆腐，太白的豆腐不要买，正常情况下豆腐应该是黄黄的，有点涩。豆腐分为南豆腐、北豆腐。南豆腐添加的是石膏，北豆腐添加的是卤水。石膏和卤水里面含钙和镁，所以这两种豆腐都可以很好地补充钙、镁等矿物质，但是这两种豆腐都会有点涩，甚至有点苦，如果豆腐一点苦涩味都没有，还特别白，那肯定是有问题的。

我们泡茶的第一道茶水要倒掉，将开水倒进装有茶叶的杯子，用筷子搅动再把水倒掉，第一道茶水是不能喝的，因为里面有很多灰尘、渣子等。

我们在外面还要注意，很多人喜欢吃盒饭，其实盒子特别脏，偶尔吃一次无所谓，特别是有的人拿了盒子直接放微波炉里加热，本来饭盒的物质结构还比较稳定，但经微波炉一加温，很多有害物质马上就被分解出来了。特别是一次性餐盒，经检测很多都不合格，里面含有大量不利于健康的物质，大家能不用就不用。

吃西红柿时要想保持其维生素的含量，就凉拌着吃，要想西红柿里面的番茄红素起作用，那就要熟着吃。花生酱和芝麻酱里面含有丰富的物质，对人体的健康有益，作为佐料都非常好。做菜的时候，白菜下面的梗要多切掉一点，那是农药最多的地方。有些菜所含的农药残留相对比较少一些，比如藕、萝卜、红薯、土豆、青辣椒等。空心菜、豆角、长豆角、四季豆、小白菜都是农药残留含量比较高的，所以大家要会选择。

还有黑色的食物如黑米、黑豆、黑芝麻，我们买的时候一定要用手擦一擦，如果手上有颜色那就是染的。如果用水泡黑米，水马上变黑，那也是染的。真正的黑米、黑豆泡了水之后，水都有点变颜色，变成紫红色的或者黑褐色的，这是正常的。自然界黑色的食物不是一点颜色都没有，还有木耳，买木耳的时候要注意，把木耳翻开看一下，木耳朝天这面是黑色的，反过来不朝太阳这面是灰色的，如果木耳朝阳和背太阳的都是黑色的，这是染色的。还有姜不要太白了，太白的可能是被硫黄熏的。到超市选食物一定要看清楚，最好选择保持物理原状的食物，买肉就买肉，买鱼就买鱼，尽量不要买肉丸、鱼丸。如果食物的味道太鲜美了，可能添加的东西就多了，所以大家要返璞归真，不要过度地追求口味。

总之，关于食品安全与营养健康，我们要注意两点：第一，食品安全问题是全球性的，国外一样存在，进口食品也经常被报道查出问题了，所以我们不要盲目迷信国外食品。国内食品虽然也有问题，但也不要悲观地认为现在食物问题越来越多了，其实是越来越少，只是因为我们越来越关注了。第二，我们买东西的时候，一定要仔细地看，保质期、厂址、配料表等都要看清楚，不要选颜色过于鲜艳的水果、蔬菜、肉，要买色泽比较自然的。要想健康、长寿，就要均衡饮食，保持愉悦的心情，还要合理运动，运动以后会流汗，有利于健康，保持大便、小便通畅。我们身上只要有孔的地方都是可以排毒的。大便主要排脂溶性的毒素，小便排水溶性毒素，呼吸可以排毒，出汗可以排毒，还有一点很重要，就是要积极预防心血管疾病，不要抽烟、少喝点酒。

祝大家健康快乐、幸福长寿！

奋斗改变命运，学习成就未来

郭　洋❶

1986 年 10 月 13 日，我第一次走进长沙市盲校。那时候，我们还在老校区，无论是住宿条件还是学习环境，都不及现在——听说现在的教室里都安装电脑了。虽然我们当时的条件非常艰苦，但如果没有盲校的培养，我不可能从一名无知的盲童走到今天。

我今天的讲座主要分三个部分，第一部分是我求学时的一些经历，第二部分是我体育生涯的一些经历，第三部分是向大家略微介绍一下我现在的事业。

1986 年，我插班进入盲校读书。我原先是在父母单位的子弟小学读书。当时因为信息比较闭塞，并不知道长沙有所百年特教学校，所以，当我到了入学年龄很想上学却没有地方可以去时，我的父母就找到他们工厂的子弟小学，再三恳求，希望学校领导和老师能接收我。那时候，学校的领导和老师都说，这个小孩看不见，怎么读书呢？怎么跟其他小朋友一块儿生活呢？所以，开始学校不收我，后来经过父母的努力他们才勉强答应。就这样，我进了一个健全人才能就读的小学当旁听生。所以，我最开始的求学经历是非常艰苦的。老师发的教材我看不见，考试的试卷我也看不见。那时候，不像现在，有助视器，还有各种读书机、电脑、手机这些

---

❶ 作者简介：郭洋，1977 年 8 月出生，男，汉族，中共党员，视力残疾，湖南省残联理事，湖南省盲协副主席，长沙市盲协主席，湖南省特教中专高级讲师，湖南省盲人按摩学会监事，中国男子盲人游泳历史上首位世界冠军，第 13 届北京残奥会"中华文明线"长沙站第 44 棒火炬手，"十一五"全国残疾人工作先进个人，1998—2002 年全国残疾人体育先进个人，湖南省新长征突击手。

设备，所以我的父母就只能用毛笔把当时书本上的字写得很大，让我慢慢地看。考试的时候，我会跟其他同学同时进入考场，但会让我的父母把试卷拿出去，等他们用毛笔把上面的字放大以后，再给我送进来。我就是用这种方式参加了各种考试。但没过多久，到了1986年小学三年级上学期的时候，我的视力开始下降得很厉害，就连毛笔写的大字也看不清了，所以也就不能再继续学习了。好在我的运气非常好，就在这个时候，我人生的第一位贵人出现了，他告诉我，长沙市有一所专门给盲人办的学校。要知道，我当时在工厂的子弟小学已经无法读书了，哪怕我可以继续去听课，但看不了书，那就还是记不了多少东西的。所以，当我和父母听到这个消息后，心里都非常开心，我甚至高兴得几个晚上都睡不着觉。我想，这种心情是别人无法体会的。现在想起来，一切都还记忆犹新。

到了盲校后怎么样了呢？我又可以上学了。1986年，我来盲校开始学习盲文。那时候，学习盲文的压力也是很大的。因为我原来都是看书，现在老师却告诉我，要用手摸书。这个压力还是很大的，我很不习惯。而我当时又是插班生，是直接插到三年级上学期的班级里，同班的很多盲人同学都是从小学一年级就开始学习盲文，大家的盲文水平已经非常高了，而我直到三年级时才开始学习，所以根本跟不上学习的进度。老师只好利用课余时间帮我补课，我的很多同班同学也开始利用课余时间帮我补习盲文。那时候我才知道，我还有很多东西需要学习。现在，我自己也当老师，我向我的学生们讲这些的时候，他们很多人都不能理解。要知道，我很幸运，虽然我出生6个月以后就基本上看不见了，但我的父母并没有放弃我，他们此后也没有再生小孩了，专心照顾我一个人。因为我的视力不好，父母认为我什么都不能干，所以在家里无论什么事都是父母在做，我基本上是过着衣来伸手、饭来张口的日子，所以要学的东西特别多。到了盲校以后，为了自己未来的发展、生活，我要学习很多东西，不仅要学盲文，还要学习自己洗澡、洗衣服、打开水，吃完饭以后必须自己洗碗。也许很多事情别人从小就都自己做，但那些事情对于当时的我来说却非常困难，我甚至连地都不会扫。不过，要感谢盲校，在盲校学习了两年后，我基本上具备了独立生活自理的能力，也为我以后参加体育运动打下了基础。如果没有进入盲校，没有学会生活技能，即使你的专业学得再好，即使你能做出成就，但只要你的独立生活能力很弱，总是需要别人照顾你，那就无法实现真正意义上的自强、自立。所以，我非常感谢盲校，让我学会了独立生活。

1992 年，我在盲校初中毕业，随后便到湖南省残疾人中等职业技术学校、长春大学以及北京联合大学求学。盲校的培养为我打下了坚实的基础，让我从一个懵懂、无知的盲童成长为一名大学生，并找到了现在的这份工作，让我有机会从事这份比较体面、受人尊重的职业。

我的体育生涯开始于 1988 年。当时湖南省残联在盲校选人，而当时我的身体非常瘦弱，个子也很矮小——我 15 岁时身高才 1.52 米——所以一开始教练员看不上我，没有将我选入第一批学生里。看到身边的同学一个一个被选走了，我就在心里默默地想，还是好好读书吧，可能我不适合当体育生。但后来，教练员说第一批的部分学员不太适合从事某个项目，尤其是游泳，于是又来进行第二次选人，这下就把我选到了省残疾人游泳队，我的游泳生涯就此开始。实际上，我进省游泳队时，已经有了一定的游泳基础。为什么我会学游泳？以前记者采访的时候，总会问这个问题，盲人怎么会去游泳呢？实际上，是因为当时我父母担心我视力不好，万一不慎掉进水里会有危险，所以我爸爸就教我游泳，我们把游泳当作一个生存技能。所以说，虽然我在游泳上有所成功，但这其实并不是我最开始就希望实现的目标。我们在成长中难免会遇到这样或那样的迷惑和困惑，甚至有时候想放弃，但我希望大家听了我的体育生涯的故事后，能有所启发。

最开始进省游泳队的时候，前几天比较好玩，教练并不让你游得很累，我觉得游泳不错，每天在水里泡一泡，很舒服。但后来，随着训练的深入，就感觉有点辛苦了。我就开始跟父母抱怨，说我不游了，太累了，老喝泳池的水。很多年纪较大的运动员说，那些水都是洗脚水，他们水平比较高，不会喝到，但我们这些水平比较低的人，就老是喝这些洗脚水。所以我当时很是抱怨，不想游泳了。父母毕竟只有我这么一个孩子，听了我的抱怨，也很不忍心看我受苦，于是就跟教练员打招呼："我的孩子，只要学会游泳、不会淹死可以了。我们对他也没什么太高的要求和期望。"就这样一直持续了大概 4 年。在这 4 年中，我训练得不是十分刻苦，总是能偷懒就偷懒，能少游一点就少游一点。也许上天对我还不错，我在这期间参加的比赛（如湖南省的青少年游泳锦标赛、全国南方区的游泳锦标赛）竟然都拿到了冠军，这让我有点沾沾自喜，并且还觉得万事不过如此，似乎并不需要付出什么努力，也能取得成绩。然而，运气不会总出现在没有准备、每天偷懒的人身上的。

1994 年，我在第六届远东及南太平洋地区残疾人运动会（相当于健全人的亚运会）上报了四个项目，我的父母为了让我取得更好的成绩，甚至跑到了八达岭长城，跑到了好汉坡，对着悬崖峭壁大喊"郭洋加油"。也许这样有一点迷信，但我的父母却认为，这样一喊，他们的儿子一定会有好运气，一定能在这亚洲级的比赛中取得好成绩。但大家知道，正如我前面所讲的，我这几年来一直偷懒，并且认为取得成绩不需要付出什么代价。但当我真正遇上中国以外的高手，遇到来自澳大利亚、韩国、泰国的对手时，才知道自己并没有什么明显的优势。所以，最后我只拿到了三块银牌和一块铜牌，结果被称为"银牌大户"。

记得当时我的父母在游泳馆门口等我回来，他们看到湖南省其他的运动员胸前都挂着金灿灿的奖牌（当时湖南省在残疾人体育方面的实力是非常强的），而自己的儿子却只挂着白色和暗红色的奖牌，这也就意味着，我拿的不是银牌就是铜牌。我记得当年我们出征前，在人民大会堂举行了誓师会，中央政治局的七个常委中有六人参加了，除了当时的朱镕基副总理出国外，江泽民总书记、胡锦涛副主席都出席了这次誓师会。比赛结束后，他们又亲自迎接我们，还给我们办了庆功会。那时候，我才开始意识到，自己应该要做些什么。可是做些什么呢？我想让别人知道我更多的实力，或者说，我想用实力赢得更多的尊敬，赢得更多属于我自己的舞台。

从那以后，我就改变了以前那种能偷懒就偷懒、得过且过的思想。开始努力，拼命超越一个又一个对手。1995 年，我第二次参加省运会时，所取得的成绩就比四年前好多了。1991 年，我一块奖牌都没有拿到；1995年，我报了三个项目，拿到了三块金牌；1996 年，我第一次参加了全国残运会。1993 年时我就获得全国金牌，不过那只是全国分区锦标赛，有些省的运动员并没有参加比赛，到1996 年那次，才是正式的全国残运会。

这其中有一个小故事，可以跟大家分享一下。我参加的比赛是在大连举行的，当时是 1996 年，也许在座的很多同学那个时候还没有出生。比赛的时间是 5 月 11 日，在我去大连比赛之前，机票就已经定好了，5 月 4 日出发。当时我们在省体育局训练场馆与跳水队一块儿训练，5 月 2 日训练的时候，有一个全盲的队友在快游到边的时候，碰到一个小铁梯子，撞出一个包。我问教练员，为什么不把这个梯子拿开？教练员说，跳水队员上上下下要走这个梯子，不能拿开。于是我就跟那个全盲的队友说，我跟你换一道吧，我勉强还能看到那个梯子。就这样，我们更换了水道。但在训练即将结束时，意外发生了。有一个 9 岁的小孩练跳水，他从 5 米高的跳台往下跳，而我因为是最后一批出发的运动员，当时正好向另外一侧游过去，所以，当我脸朝天上仰泳的时候，那个小孩刚好往下跳——他并不知道下面还有个人——我俩就这样发生了"碰撞"。我的鼻骨因此粉碎性骨折，也就是说，我是流着血从泳池走上来的。我拿着一条洗脸的毛巾堵在鼻子上，从游泳馆走到门口，大概走了 70 多米的距离，而那条毛巾就已经全部染红了。

这时，距离比赛只有 9 天的时间了，照我以前的想法，一定会选择去做手术，然后在家休养，跟这次全运会说再见，反正我还年轻，这一届参加不了，下一届再来。但我的父母和我回忆了 1994 年的那场比赛，又想了想，我在 1996 年刻苦训练了那么久，不比别人差，难道这次全运会就这么放弃了吗？人的一生中有几个四年可以等待？所以，最后我毅然坐上了 5 月 4 日飞往大连的班机，参加了 5 月 11 日的比赛。

我的鼻子其实并无大碍，受伤当天，我做了鼻骨的固定术，手术大概持续了 1 个小时 30 分钟，不是很长，毕竟不像开颅、开胸那么复杂。做完手术固定后，我就马上前往赛场。我当年取得了什么样的成绩呢？我是在 5 月 11 日、13 日和 14 日分别参加了比赛，也就是受伤后的第 9 天、第 11 天和第 12 天。我报了三个项目，拿了三项金牌，破了三项全国纪录，而获奖的项目主要是两个蛙泳项目和一个仰泳项目。

截至退役，我一共参加了三届全运会，分别是 1996 年的大连、2000 年的上海、2003 年的南京三届全国残运会，报了 9 个项目，拿到了 8 枚金牌，破了 8 次全国纪录，每一次比赛，我的成绩都有所提升。除了全运会以外，我还参加了三届远东及南太平洋残疾人运动会，第一次是在北京举行的，第二次是 1999 年，在泰国举行，第三次是 2002 年，在韩国釜山举行的，后两次都不出所料，拿了金牌。在 16 年的体育生涯中，我还参加了两届残奥会、一届世界盲人运动会和一届世界残疾人游泳锦标赛，一共获得了 31 枚金牌。2003 年，我在加拿大实现了中国历史零的突破，成为中国自新中国成立以来首位获得男子盲人游泳世界冠军的选手。

在我的整个职业生涯中，还有一件事值得回忆。2008 年，我成为北京残奥会长沙站的第 44 棒火炬手。这不仅是我一个人的幸运，而且也是我们一家人的幸运。当时，我的火炬护跑手就是我的爱人，而她的肚子里是我们即将出生的小宝宝，可以说，是我们一家三口一起传递了火炬。所以，后来我为自己的儿子取名传圣，就是传递圣火的意思。

这些便是我体育生涯中最有意义的事件。

接下来跟大家分享一下我的求学过程。想必大家在初中毕业后都有多种选择，你们可以选择上高中、上大学，也可以选择读中专，接受中专教育。我想给大家分享一些有关学习的建议。我回想自己的读书生涯，觉得知识的准备非常关键。对于我来说，学好盲文至关重要，无论是考大学还是当教师，如果盲文水平非常低的话，是很难学好、很难干好自己的职业的。在我的体育生涯中，1988—2004 年这 16 年间，我在寒暑假里基本上就没有休息过。特别是 1995 年的时候，当时我从湖南省残疾人中等职业技术学校毕业，之后又没有学校可以上了。那时我就想进单位工作，去我父母单位的一个小职工医院，但人家不要我，说我年纪太小，才 18 岁。于是我就想，继续读书吧，可又不知道能去哪儿读书。我又想，那就南下打工去吧，听说按摩市场还比较火爆。但是我父母舍不得我，他们觉得，我虽然眼睛不好，但书还是要继续读的。不读书怎么会有前途？我的父母虽然是普通工人，但我觉得他们的思想还是很积极上进的，他们知道，只有读书才能有前途。

1995 年，我的老师告诉我一条消息，说我可以去考长春大学特教学院。其实，我们盲校有很多前辈都是长春大学毕业的。现在任教长春大学音乐学院的教授张卓是从盲校毕业的，长沙市按摩医院副主任医师张红老师也是我们盲校毕业的，她大概是 1990 年从长春大学毕业的。他们都是我的前辈。其实，很多人都是从盲校走出去的。比如大家都熟悉的中国盲人演奏家阿炳，还有一位盲人二胡演奏家，都跟咱们盲校颇有渊源。那位盲人二胡演奏家叫作甘柏林，他的老师就是盲校的伍思玉老师。所以，当盲校的老师推荐去考长春大学时，我就开始做准备了。当时我自认为盲文水平还不错，我每分钟摸读速度大概在 250～260 字。这还是我用了两个半月进行封闭训练达到的水平。我在家请了一些老师，我的父母也给我补习，把以前老师讲的、我忘了的或以前没有讲的知识拿出来补习，这样大概两个半月后，我顺利考上了长春大学。大学毕业后，我就直接进入单位开始工作。在工作过程中，一般老师可以用多媒体，可以用汉文手机，但我不太会用多媒体，用起来也不方便，所以必须依靠盲文水平。有时学生问了一些问题，我不记得了，就得在书上查一下。如果盲文水平很低，那我到哪里摸去？摸半天都找不到，那还怎么为学生解答？所以，盲文水平一定要提高。在座的你们也要记住，一定要提升盲文的摸读和写字能力，这对于你们学好文化、掌握专业知识都是非常关键的。也许将来很多同学要考盲人医疗按摩师，但你们知道吗，盲人医疗按摩师有 100 道题目。我有幸做了两届盲人医疗按摩师的考场答疑工作，所以知道那个理论试卷究竟有多恐怖。它有 100 道选择题，大概有 40 多页。而考生不仅只有 3 个小时左右的时间来答题，而且还要在这个时间内，将自己的姓名写好，找人给你念身份证号码、准考证号码等。

　　幸运的是，在座的你们还很年轻，还在学习。这代表什么？代表你们还有希望，还有机会。如果你们现在发现自己有什么需要提升的地方，就赶紧补上，别等到坐进考场的时候，还拿着厚厚的试卷发呆。所以，现在大家就可以赶紧提升自己的盲文摸读、写字能力。

　　我曾经也有过你们这样的年纪，我也曾与你们一样，但我当时并没有你们这么好的学习环境。那时候，老师对我们的要求可能比你们的老师要严格，所以我希望大家自己给自己上上发条。我通过 20 多年的努力，从一个无知的盲童成长为现在这样一个人，我是实现中国历史零突破的男子盲人游泳选手，是 1998—2002 年度由国家体育总局和中残联颁发的全国体育工作先进个人，是 2011 年由国务院残工委和多个部门一块颁发的全国"十一五"残疾人工作先进个人，并且我还担任湖南省残联的理事，是长沙市盲协副主席，同时也是湖南省盲人学会的常务理事和职业技能鉴定委员会的执行委员。而我自己作为一名特教老师，也非常希望用我的成长经历，以我今天所取得的成绩给大家启示和鼓励。我相信在座的各位盲生通过自己的努力，一定能比我做得更好。你们不一定要在体育方面，你们可以在其他方面取得更高的成就。

现在，随着社会的外部环境逐渐改善，会有越来越多的人、越来越多的部门开始关心我们这个群体。但是人家凭什么关心我们呢？我们一定要做出更好的成绩，要让别人觉得帮助我们是有价值、有意义的，这样别人才会更有信心地把这个事情做下去。

科学养生，轻松活到 100 岁

唐大寒[1]

关于养生的话题可能每个人都比较关注，特别是中老年朋友关注的程度可能更高。下面让我们真正从营养学的角度上来探讨日常生活中的一些养生问题。

在进入主题之前，让我们一起来做个小小的测试，给自己算算，看看我们到底能够活到多少岁。将下面 15 个项目内容中的每一项所得的分数进行累加，把最后所得的分数再加上 75，就得出了你能活到的年龄。注意：每个问题只能选一项。

1. 您的性别：

A. 男 −3　　　　　　B. 女 +1

2. 您的年龄（岁）：

A. 30~45 +3　　　　B. 46~60 +4　　　　C. >60 岁 +5

3. 您受教育的程度：

A. 初中以下 =0　　　B. 高中 +1　　　　C. 大学以上 +2

❶ 作者简介：唐大寒，原中南大学湘雅二医院营养科主任医师、教授、高级药膳食疗师、湖南省医学科普作家；现任湖南长沙珂信肿瘤医院营养科主任，兼任湖南临床营养质量控制中心主任、湖南营养学会副理事长、湖南省药膳食疗研究会副会长、世中联药膳食疗专业委员会常务理事、中国医师协会营养医师专业委员会委员等职。先后从事临床医疗、教学工作 47 年；发表科研、教学论文 40 篇、医学科普文章 500 余篇；主编、参编专著 12 部；获国家发明专利 1 项；获省部级科研成果 3 项。多次获湖南省委宣传部、省科协等联合颁发的优秀科普成果奖。擅长临床危重病人营养支持、糖尿病及慢性肾功能不全病人饮食治疗、肿瘤营养代谢与免疫治疗。居民健康教育及健康管理师、培训营养师等。

4. 您父系或母系中有无 85 岁以上者：

A. 祖辈、父辈父母均有　+6

B. 单祖辈、父辈父母中有　+4

C. 仅祖辈中有　+2

5. 父母是否患有遗传—环境相关性疾病※：

A. 双方有　−4　　　　B. 单方有　−2　　　　C. 无　=0

※遗传—环境相关性疾病指肥胖病、高血压、高脂血症、冠心病、糖尿病、痛风、肿瘤等生活方式病。

6. 您的居住地为：

A. 大中城市　−3　　　　B. 小城镇　−1　　　　C. 纯农村　+2

7. 您现在患有慢性疾病种数：（以医院医师诊断为准）

A. 3 种　−5　　　　B. 1~2 种　−3　　　　C. 无　+3

8. 您的生活规律性：

A. 规律　+3　　　　B. 反规律　−5　　　　C. 不规律　−3

9. 您每天吸烟情况（支）：

A. >40 支　−10　　　　B. 20 支左右　−5　　　　C. <10 支　−2

10. 您每天的身体活动（运动）量（千步）※：

A. <6 千　−2　　　　B. 6~8 千 +2　　　　C. 8~10 千 +5

※千步是表示身体活动数量的一个单位，如以每小时 6 公里的速度行走 10 分钟即为 1 千步，洗菜做饭 13 分钟为 1 千步，拖地 8 分钟为 1 千步等。

11. 您的体重情况：

A. 肥胖　−3　　　　B. 超重　−2　　　　C. 正常　+2

12. 您对自己现状（包括生活、工作、家庭、经济收入等）的满足感：

A. 满足　+3　　　　B. 一般　+1　　　　C. 较差　−3

13. 您每天饮用白酒情况：

A. 1~2 两　+1　　　　B. 3~5 两　−2　　　　C. 5 两以上　−5

14. 您的饮食评分★：

A. 好　+10　　　　B. 一般　+5　　　　C. 差　−10

★健康饮食评分表主要反映饮食习惯与膳食结构，包含居民膳食指南全部内容，需在营养专业人员指导下进行评估。在未进行专业饮食评分时建议选"B"。

15. 您是否注重适当服用补品：

A. 很注重　+3　　　　B. 注重　+1　　　　C. 否　−3

我们常说要注重养生，首先就要搞清楚什么叫养生？我认为关于养生有两个解释，一是保养生命，生命也像汽车一样需要保养，如果不勤加保养，就可能会出现各种各样的问题。关于养生的第二个解释是养成良好的生活习惯，也就是健康的生活方式。从中医的角度来讲，养生方法有保养、调养和补养，我们所说的健康的生活方式就是终生坚持正确而又简单的生活习惯。养生其实不复杂，很简单，我们完全不必像某些带有商业目的的所谓专家们讲的那样神乎其神，几点钟吃黑颜色的食物，几点钟吃白颜色的食物，这不能吃，那不能吃。其实，我们完全可以想怎么吃就怎么吃，但是，有一个原则，那就是一定要合理搭配饮食，且有一个量的限制。

接下来借用对联的形式来表述一下养生的重要性。上联是："什么都可以有，千万不可有疾病。"下联："什么都可以无，万万不可无健康。"横批："健康至上。"人们对这副对联的字面理解是不会有疑问的，但关键在于是否能真正领悟。如果没有健康，哪怕家财万贯也没有任何意义。尤其是上了年纪的人，一辈子风风雨雨走过来，什么东西都领悟了，遗憾的却是到最后才发现健康是非常重要的，而有人甚至到死也没能领悟。

人到底能够活多少岁？"人生七十古来稀"一直是古人对寿命的追求，但如果今天我们还将 70 岁的人称作古稀之人恐怕就有些不适宜或过时了。为什么？据 2011 年进行的全国人口普查统计显示，中国人的平均寿命是 74.83 岁，城市居民人均寿命 78.66 岁，已经接近 80 岁。生活中还有另一种说法"山中常遇千年树，世上难逢百岁人"。是不是真的这样呢？其实百岁人在生活中并不难遇见，中国内地到 2011 年年底百岁老人接近五万人，比解放初期增加了数十倍，可见今天的百岁老人并不像过去那样极为罕见，所以"世上难逢百岁人"这句话似乎早已过时。

人到底能活多少岁？我们要用科学的数字来说明。有研究表明：老鼠、狗、猴子、大象等哺乳动物的寿命平均为其生长周期的 5~7 倍；人也是哺乳动物，其生长周期即成熟周期为25年，照此规律推算，人类的寿命应该为125～175岁。理论上，我们至少可以活到125岁，但实际上活过100岁的人仍然为数不多。是什么原因导致理论与现实相差如此之大呢？这是因为影响人类寿命的因素太多，有遗传因素、环境因素及意外因素等。遗传因素不是个人所能控制的，但环境因素却掌控在我们自己的手中。

下面重点探讨活到100岁的秘诀，即环境因素中的主要内容——健康的生活方式。健康的生活方式的内容主要包括生活规律、运动、心理状态、饮食这四个方面。

第一个我来谈谈生活的规律性。所谓的生活规律性是指在每天规定的时间内必定要做的动作或行为，如晚上就寝休息和早上起床时间，按时定量就餐以及没有不良的习惯、嗜好等。

规律的作息且没有不良的嗜好，是每个讲究养生的人必须要做到的。养生讲究的是天地人合一，如白天太阳出来了，我们就应该起床、劳作，做该做的事；晚上太阳落山了，是该我们休息、恢复元气的时候了，也就是我们通常所说的"日出而作，日落而息"。如果顺应了自然规律，体内的生物钟就不会被打乱，健康就会有保障；否则就会以牺牲健康为代价。现在许多年轻人和部分中年人经常熬夜，甚至通夜不眠，作息时间完全颠倒过来了，也许他们自认为这没什么，而且还感觉不错，但长时间违背自然规律的生活方式迟早会爆发出一系列问题。日落而息是不是天一黑就上床休息，当然不是，那么何时就寝休息为好？中医养生有一句话叫作"归子时"，"归"是鸟归巢的归，意味着人要上床休息了。子时是什么时候？是午夜12点前后一个小时，超过这个时间上床休息人体生物钟的规律性就被打乱了，所以我们一定要养成规律的作息习惯。

第二个要讲的是运动。运动可以使人长寿，为什么呢？因为通过运动锻炼，血液流动就会加快，细胞的代谢活力就会增强，内脏器官的功能也能得到增强和改善，以保持良好状态。因此运动能增进心肺功能，促进物质代谢，改善内分泌调节，舒缓精神压力。但运动也要把握一个度。养生什么事都可以做，千万不能做过头。什么东西都可以吃，千万别吃过量，养生就这么简单。

运动能够延缓衰老。经常运动的人，红光满面，精神状态特别好，退化性的衰老毛病也少。什么叫作退化性病变？就是衰老的过程。比如脚关节痛、体力不支等，这些现象都与衰老有关。运动使这类病痛减少了，生命力提高了，延年益寿，就这么简单。

运动量也有讲究，一般来说要求身体的活动量是6000步。不一定要到外面去跑步，但一定要活动量足，不能够老坐着不动。其他运动也算，比如拖地用的力气大，就可以算1000步。比如散步十分钟，保证速度，一分钟110步。还可以做一些别的运动如太极拳、瑜伽等。一天至少行走6000步，这是维持健康生活方式的基本活动量。

每日的基本活动量有什么呢？每个人早晨起床、洗脸、漱口、吃饭这些活动，可以算2000步，做家务额外再加。总之每天活动量也至少有6000步。但如果想活到100岁，那6000步还要加一点，加多少呢？我认为每天至少要行走8000步，如果要减肥的话，最少10000步才会有效果。

还有一点要注意，运动要根据自己的实际情况来，量力而行。要根据自己的身体状况来选择合适和喜欢的运动项目。但不管选择什么活动关键都是要坚持，三五天才运动一次是没有效果的，要想活到100岁就要每天都达到8000步的运动量。

现在人们的生活方式都不太健康，缺乏运动。很多人说现在的工作压力大，没有时间运动。没有时间做运动，你就会有时间住医院。中国绝大多数人缺乏运动，不爱运动。2012年卫生部在报告中指出，中国18岁以上的居民，83.8%的人从不参加锻炼，从这一点就可以看出为什么我们中国人的毛病这么多了。

第三个方面是心胸要开阔。良好的心态是健康、长寿的非常关键的因素。养生先养心。心不是心脏的心，而是心态的心。人生一辈子不如意十之八九，每十件事里面可能有八九件不满意，但关键是用什么心态来看待这些不满意的事，如果总是牢骚满腹，是不可能长寿的。实际上很多问题都很好解决，关键看你如何看待，要领悟有得有失的道理。为人最重要的就是要学会保持心中的三乐：自得其乐、知足常乐、助人为乐。

第四个方面，饮食清淡，合理搭配。什么叫清淡饮食呢？清淡饮食是不太油、不太咸、不过甜、不过辣。还有一个搭配的问题，荤菜和素菜的搭配。大鱼大肉吃多少？每天二两到四两荤菜就足够了。做菜的方式也有讲究，要少用油炸，也不是完全不可以油炸，偶然炸一下是可以的，但不要天天炸。有的人天天早上吃油饼、油条，对身体是没有好处的。还有烟熏食品如腊鱼、腊肉以及腌制品如酸豆角、榨菜等，都要尽量少吃。

每人每天食用油的需要量是 25 克，摄入盐的量每天控制在 6 克以内，如果能做到这样，我们就叫作清淡饮食。

我们都在积极向健康靠拢，但不一定完全做到了。以下是我们生活中常见的六大饮食缺陷，下面就让我们来纠正这些饮食方式。

第一个误区：肉吃多了，饭吃少了。现在的人饭越吃越少，有的不吃饭，喝点酒、吃点鱼肉，一天都是这样，这样是最不好的。所以经常到餐馆吃饭的人，很容易就患有高血压、冠心病、脂肪肝等。以米面为主食是中国人的饮食特点之一，这是好的饮食传统，三餐一定要吃主食，吃到七分饱就可以。

第二个误区：精粮多了，粗粮少了。现在的米面很白，从健康的角度来看，太白的米面反而不好。粗粮越吃越少，肚皮越来越大，健康越来越少。这样一吃，亚健康的人群比例就增高了。虽然亚健康的人增多也有社会因素，但饮食是其中一个很重要的因素。中国人粮食量增长了，但粗粮、杂粮吃少了。1982 年的时候，中国人粗粮摄入量为人均 103.5 克/天，到 2002 年的时候人均就只有 23.6 克/天了。

第三个误区：吃荤多了，吃素少了。现在农村里办宴席，基本上没有小菜，城里餐馆也没有什么小菜，以为大鱼大肉就是好菜，这是极不合理的。我们每天不能少于 6 两蔬菜，但事实是我们蔬菜消耗量逐年下降。

第四个误区：油吃多了。1982 年湖南人每天的食用油摄入量只有 20 多克，全国平均还不到 20 克。到 2002 年的时候，全国人均约 41.6 克/天，湖南人每天摄入一两半左右。油吃多了有什么不好？口味越吃越挑，大家可能都深有体会，当我们吃多了油多的菜，再吃少油的菜就会觉得不好吃，觉得还是要多放点油，重油的菜吃多了，各种疾病就吃出来了。油吃多了产生的第二个不好的结果是，人越吃越肥。中国人有一个特点，胖起来胖肚子，这更危险，因为得心血管疾病的风险更高。肥胖可能导致得高血压、冠心病、脑血管病、糖尿病、痛风、骨质疏松、关节病癌症的概率增加。为什么中国人这么多病？基本上是吃出来的，而目前吃的最大问题就是油吃多了。我们一定要为自己的健康着想，重建健康的生活方式。不要图一时的口味，油要少吃一点，慢慢减少食用油的摄入量。如果现在一天吃一两，从明天开始就每天吃八钱油，这样一点点地减少还是容易适应的，然后再慢慢降到每天六钱、五钱甚至更少。

第五个方面的问题是盐吃多了。湖南人盐的摄入量为 13～14 克/天，现在大家都已经意识到盐吃多了不好，会导致高血压、心肌梗塞、脑血管病变、胃癌等。长沙人的中风发生率是全国平均的三倍，起因是盐吃多了，易致高血压，年纪一大更容易发生中风。盐吃多了还会引起肥胖。因为盐是调味品，口味重的人，又吃肉又吃辣椒，胃口就特别好，就会不自觉地多吃一些。吃盐过多的其他不良影响还有糖尿病患者血糖升高、小孩子容易感冒、上呼吸道易受感染等。所以我们的饮食还是要清淡一点为好。

第六个问题是喝酒。酒喝多了也不好。现在中国人大概每年人均消耗 20 斤酒。酒喝多了对健康特别不好，导致骨质疏松、维生素缺乏。饮酒是要有底线的，适量的饮酒是健康饮酒，大概范围是白酒一天二两，红酒约半斤，啤酒约一斤半。根据实际情况我们偶尔可以超过这个量，但是要以不醉为限。

总之，饮食以植物性食物为主更有利健康。我们常吃的米粉、豆腐、蔬菜、水果等都是植物性食物。动物性食物也要适当的搭配。这个比例是多大呢？植物性食物是 7～8 份，动物性食物、荤菜类是 2～3 份，这个比例叫植物性食物为主的膳食，对健康有利。

科学养生才能长寿。让我们依然用对联的形式结束今天的主题，上联："上半生比上升，升学历、升职位、升地位、升收入，名利双收"，下联："下半生比下降，降体重、降血脂、降血压、降血糖，痛苦一生。"如果我们没有将上半生打理好，养了一身病，下半生就只能赶快让它降。痛苦吗？有人感觉痛苦，但处理得好也不一定痛苦，只是一定要有理念与行动，把科学、健康养生坚定地坚持下来。

化学对人类文明、健康与社会进步的贡献

俞汝勤^❶

　　化学是大家都很熟悉一个学科，我们都知道化学是一门研究物质的性质和物质发生反应变化的科学，但不见得人人对它都有真正的了解，今天我想与大家分享一下化学对人类文明、健康与社会进步的贡献。我要分享的内容主要分为三个部分。

　　第一部分，化学与人类的生存、繁衍及健康的关系。在化学界，有位德高望重的老前辈——徐光宪先生，想必大家都知道，他是国家最高科学技术奖的获得者。20 世纪时，化学取得了空前辉煌的成就，用一句什么话来表示这种成就呢？用徐光宪先生的话说，化学在 20 世纪的贡献可以用一个数字来表示，即 2285 万。这是什么意思呢？要知道，在 19 世纪末 20 世纪初时，在化学文摘（CA）登记的化合物就已达到 55 万种。而到 20 世纪末，也就是 1999 年 12 月的时候，这个数字已经增长到了 2340 万，减去原来的 55 万，恰好是 2285 万。在短短一个世纪，化学家们研究出的新化合物（如新药物、材料、分子等）和发现的新天然化合物，就有这么多。这

　　❶ 作者简介：俞汝勤，湖南大学教授，中国科学院院士。1959 年毕业于圣彼得堡大学化学系，1959—1962 年在科学院化学所工作。1962 年至今在湖南大学任教。1991 年当选中科院学部委员（院士）。1993—1999 年任湖南大学校长。第六届、第八届、第九届、第十届全国政协委员。《化学传感器》主编。国际化学计量学学会期刊《Journal of Chemometrics》编辑及国际分析化学期刊《Analytica Chimica Acta》顾问编委。曾任《高等学校化学学报》副主编及英国皇家化学会期刊"Analyst"地区顾问编委。先后获国家自然科学二等奖、三等奖、省科技进步一等奖与光召科技奖及湖南省科学技术杰出贡献奖。国际化学计量学科学委员会授"化学计量学终身成就奖"（Chemometrics Lifetime Achievement Award）。

就是化学家的贡献。用化学家的眼光来看，我们的世界就是各种化合物组成的世界。

化学家能够发现化合物，也能够制造一些自然界原本不存在的化合物，他们就是这样服务人类的。所以说，在人类多姿多彩的生活中，化学是无处不在的。一位获得诺贝尔奖的化学家说过这样一句话，"化学家在老的自然界旁边又建起了一个新的自然界"。我刚才所说的两千多万种化合物中，并非所有化合物都是天然存在的，其中有很多是化学家创造出来的，是自然界所没有的，但为了人类的需要，化学家把它们创造出来了。

那么，创造这些化合物对人类有什么作用呢？徐先生还说了，如果没有发明合成氨、合成尿素和各种农药，世界粮食产量至少要减半。换句话说，整个世界生产的粮食是不可能养活现在这么多人口的，能满足世界人口的二分之一，有一半人要饿死。这就是化学的作用。化学帮助生产足够多的粮食，其中标志性的事件就是 20 世纪初，德国人哈勃建立了合成氨的方法。其实，现在来看，合成氨是一个非常简单的事情，我们往空气里的氮加上氢，就能合成氨。但这又是一个非常重要的事情，因为空气对于人类来说，是不可或缺的，但空气里的氮，我们又不能把它当饭吃，氧气我们也离不开，那要怎样把氮变成我们人类需要的东西？氨就是我们需要的，氨就是氮肥，它是生产粮食的一个要素。哈勃因为发现了合成氨的技术而获得了诺贝尔奖。为什么要授予他诺贝尔奖呢？因为他解决了生产粮食所需要的肥料问题，这样的贡献非常大。

徐先生还进一步论证，药物化学大大地改进了人类的健康状态。粮食不足，就会有一半的人饿死，如果没有药物的话，现代人也不可能达到今天的平均寿命。如果没有药物化学，人类的平均寿命就要缩短 25 年。在化学药物没有普及之前，人类的平均寿命比较短，远远达不到今天这种水平。单单青霉素就使人类的平均寿命延长了约 10 年。青霉素是化学家的贡献吗？

青霉素的发现是英国细菌学家弗莱明的贡献，他在培养细菌时，发现有时细菌培养不出来。别人如果遇到这种情况，也许非常沮丧，认为一个培养细菌的实验没法让细菌长起来，就是失败了。但弗莱明却想，究竟是什么因素使细菌不能生长呢？他找来找去，终于找到了答案，是青霉素。

青霉素可以抑制细菌的生长，也可以替人类治病。但这跟化学有什么关系呢？只是靠天然的青霉素是不可能解决问题的，人们后来弄清楚了青霉素是个什么东西，并将它人工合成出来，再把它的结构加以改造，让药房里有了各种青霉素。也许有人要说，这种青霉素、那种青霉素，都是化学家在玩把戏，何必玩那么多把戏呢。但其实，这个"把戏"非常重要。人类对青霉素很快就会产生抗药性，一旦出现了抗药性，化学家就要想办法来应对，就要把它的化学结构改一改，消除抗药性。这样才能更好地保护人类。青霉素能把人类的寿命延长 10 年，这就是一个很了不起的事情。

还有一个德国的化学家，他从染料缸里面发现了一种叫作磺胺的药物。虽然现在磺胺已经变成了一种药物，但在当时却是一个非常重要的东西。这个德国人工作非常细致，能够从染料里面找到杀死细菌的东西，这对人类是一个很大的贡献。过去，人们找药物用的是一种随机的方法，有点碰运气。但现在就不一样了，如今的化学家们会合理设计药物的路线，对药物进行设计，确保能得到我们所需要的药物。

紫杉醇是从太平洋红豆杉中分离出来的化合物。过去，人们要想得到它，就需要把太平洋红豆杉的皮都剥掉，然而一旦把一棵树的皮剥掉，这棵树就会死。那么，紫杉醇究竟有什么用呢？其实，这是一种非常有用的药物，它可以治疗卵巢癌。关于它的结构，我用短短几句话无法把细节都说得很清楚。但化学家能把它的结构弄得清清楚楚，再人工合成它。化学家创造新的化合物，发现过去不知道的一些天然化合物，这就是他们对人类的贡献。

化学家做的事情我们可以用萧伯纳的一段话来形容："你看见了物质，你会说这是为什么？我梦想从不存在的物质，我要说为什么不能？"萧伯纳的话蕴藏着深刻的哲理。化学家观察世界，思考这个东西为什么会这样？红豆杉树皮为什么能治这种病？化学家要刨根究底找到这里面有一个什么样的化合物。但这还不够。萧伯纳还讲了化学家进一步要做的事情：红豆杉里有一种可以治疗癌症的好东西，但我们若是要取得这种东西，就要把它的树皮都剥掉，这样整棵树就会死掉，我们为什么不能自己把它做出来呢？化学家可以不从树上取，他们可以自己合成这种药物。这就是化学家做的事情。

一些家长很不高兴让孩子摆弄瓶瓶罐罐，他们不知道，其实那些瓶瓶罐罐里头藏着很多学问，这是探究发现的开始，伍德沃德从小就爱玩瓶瓶罐罐。天然化合物是化学中非常重要的一类化合物，并且有着特别的魅力。伍德沃德是天然化合物领域的权威人士，并且因为能将它们的分子结构弄得清清楚楚而获得了诺贝尔奖，这是一件很了不起的事情。他曾说过一段话，表达了化学家做这些研究创造时的感受："有机合成中有激动、有探险，也有挑战，也包含着伟大的艺术……"的确，这其中所包含的艺术相当高超，化学家们正因为有着这样伟大的艺术，才能从红豆杉的树皮里发现有那么美妙的物质，并将它人工制造出来。那么，人类又是怎样利用天然植物做药物来与疾病做斗争呢？以疟疾为例，公元前 700 年左右，中国的古典医书《黄帝内经》就描述了疟疾的相关症状：发热、寒战、出汗退热等。公元前 400 多年，希腊人也知道了这种病。这个病的名字也有意思，意大利语中这个名字叫作"mal'aria"，也就是英语里的"Badair"，对应汉语里的"瘴气"。"乌烟瘴气"指的就是空气很差，人很不舒服，得了疟疾。那么，人类究竟是怎样与疟疾做斗争的呢？

大约几百年前，有一个印第安人得了疟疾，且病得很重。他口干得要命，随便找了一个池塘就取水喝，喝下之后，他的病突然一下子就好了，这让人惊讶不已。后来，人们发现这个池塘里的水是苦的，仔细查探，原来是池塘里面泡着一种树。再后来，有位传教士用同样的办法治好了西班牙驻秘鲁总督夫人的疟疾。事后，人们就用这位夫人的名字把这种物质命名为辛可那，或者叫金鸡纳。随后，化学家登场了。1826 年，法国化学家佩尔蒂埃和卡文从金鸡纳树皮中提取出了奎宁，后来，奎宁便被世界各国普遍用于治疗疟疾。奎宁是一种重要的抗疟药，能消灭各种疟原虫的裂殖体，从而终止疟疾的发作。1907 年，德国化学家拉比推导出奎宁的化学结构式。1945 年，伍德沃德和多恩合作，首次人工合成了奎宁。不过，奎宁用到一定量的时候，马上就会出现抗药性，抗药性最终会使这个药失去作用。20 世纪 60 年代，美国人在越南打仗，交战中的美越两军深受疟疾之害，减员严重。于是，是否拥有抗疟特效药，成为决定战争胜负的关键。所以，当奎宁失去药效时，美国人便投入巨资筛选大量化合物，想要找一个比奎宁更好的东西。越南人没有这个能力跟美国人对抗，向中国求援。

我们中国便成立了"523 项目"（1967 年 5 月 23 日立的项目）支援越南，帮忙寻找一种比奎宁更好的治疗疟疾的药物。

中国人对付疟疾的历史，可比金鸡纳要早得多。《诗经》里就提到了蒿，而这个蒿就是指青蒿。公元前 2 世纪，中国先秦医方书《五十二病方》就已经对植物青蒿有所记载。公元前 340 年，葛洪在《肘后备急方》里描述了青蒿，李时珍的《本草纲目》里面也记载了青蒿。参加"523 项目"的科学家们想，虽然美国人可以合成成千上万个新化合物出来，再一个一个筛选，我们如果也这样做，那是拼不过的，但我们的老祖宗给我们留下了许多宝贵遗产。于是，参加"523 项目"的药物化学家屠呦呦便决定从系统整理历代医籍开始着手。葛洪在《肘后备急方·治寒热诸疟方》里就记载了青蒿。我们平时用青蒿熬药时，会放在罐子里煮。但屠先生是药物化学家，她注意到了《肘后备急方·治寒热诸疟方》中的几句话："青蒿一握，以水二升渍，绞取汁，尽服之。"她想，青蒿可能煮不得，一煮就会破坏它的化合物，所以，她就想到用一个沸点较低的有机溶剂来萃取。于是，她就从这方面想办法，结果从青蒿里面提取出一种物质，她将这种物质测试了一番，发现它抗疟的功能了不得。就这样，这个项目就有了一个重大的发现，最后，人们将这种物质定名为青蒿素。

这时，真正的化学家介入了，他们想弄清楚青蒿素究竟拥有怎样的结构。在传统的药物化学里，分子里如果没有氮，那就根本不可能得到抗疟的药物。然而，青蒿素里就没有氮，所以，它的结构就存在特殊性，这就又得靠化学家来揭秘。中国科学院上海有机化学研究所和药物化学研究所的化学家们把青蒿素的结构弄清楚后，合成了许多青蒿素衍生物出来。之前介绍的青霉素以及红豆杉里找到的药物等，都与它很类似。"523 项目"发现了青蒿素，解决了大问题。

后来，世界卫生组织推荐以青蒿素为基础的联合疗法，他们的结论是中国人研制的青蒿素的抗疟作用是最好的，并且没有抗药性。2011 年度拉斯克奖的获奖名单揭晓，这个奖授给了中国科学家屠呦呦，获奖理由是"因为发现青蒿素——一种用于治疗疟疾的药物，挽救了全球特别是发展中国家的数百万人的生命。"80 多岁的屠先生领了这样的奖项，这也是迄今为止中国生物医学界获得的最高级别的世界级大奖，离诺贝尔奖只有一步之遥。据说得这个奖的人，往往不久以后就会获得诺贝尔奖，它离诺贝尔奖只有一点点距离。为什么外国人要把这个奖授给屠先生？因为他们认可青蒿素，承认它是地地道道的中国人的贡献。现在有些科学研究往往跟着别人后面走的，这样即使做出来一个自认为很有创造性的东西，说不定也是模仿了别人的工作，而那个别人还不是中国人，有可能是美国人或法国人。但屠先生靠的是我们老祖宗留下的宝贵遗产，这样外国人就没有异议了，而我们中国人就更不会有意见。

讲完这个事例，我想，我们在药物设计方面是不是应该有一点新的思路？以前，中国人在这方面比不过外国的同行，因为我们过去一直走在一条模仿的道路上。过去，我们的制药工业基本就是把西方的药物拿来剖析，西方人怎么做，我们就照着做。但我们现在是世界贸易组织的成员了，不能再这样一味地模仿了。如果继续像以前那样，那就只有等着别人的专利失效了，我们才可以生产那些东西，不然就是违反规定了。我们总是号称第二大经济体，我们能做那些违规的事吗？

但问题又在什么地方呢？我们中国的老百姓看病贵，得了癌症、肺癌，医生会对病人的家属讲，我没有办法了，但我知道国外还有一种药，只不过这个药太贵，我们国家医疗系统不能支付，你们家属要是有需要也可以把那种药买来试试看。既然真的有这种药，为什么我们国家消费不起呢？太贵了。为什么太贵呢？因为每一种药做出来的成本实在是太高了，要在几百万种化合物中寻找，才能找到一个有用的。我们中国人如果只能靠这样的老路走下去，老百姓看病贵的问题要到何年何月才能解决？但如今，我们有了青蒿素，从这个例子来看，我们应该充分地挖掘祖宗给我们留下的遗产，用现代化学去发现它的作用，去寻找良药。这样的路才是我们应该好好走下去的路。

我国的中药产业也不是特别令人满意。这个问题可能中医界的朋友们会认为我过于强调了，会认为中药不是化学问题，是只能靠中医辨证论治，而不是去寻找"有效化学成分"的问题。但化学家不能完全同意这个看法。化学家认为，中药之所以能起作用应该有一个物质基础，而这个物质基础的要害，就是我们要去寻找的。我们必须要找到真正起作用的是什么物质，如果什么物质也找不到，或不去找，那我们的中药就没有了科学依据。

青蒿素的作用很大，但如果不是化学家把青蒿素弄得清清楚楚，它能发挥这么强大的作用吗？再有，如果你弄不清楚它的结构，只是空口说池塘里的这种草药可以治病，那么你做出来的药，能推销到全世界去吗？人家会相信你吗？我们号称中药的故乡，可如今我们在国际中草药行业中所占的份额却很少，大部分都被日本人占了，韩国人也占了不少，还有些份额被其他国家占了，我们只占了一点点。现在把我们中国出产的中草药原料出口，但换来的外汇还买不回从日本或者韩国进口的中成药。为什么我们会落到这个局面？我认为，要扭转这种局面，关键在于让化学大力介入，因为化学在这个方面能发挥很大的作用。如果你弄清楚了青蒿素是什么物质，并且得到了世界卫生组织的认可，那么人家还会不要这种药吗？但如果你只说这是从哪个池塘里采来的，哪个地方土产的药草，就难以让人信服。那么，中药究竟应当怎么走现代化的道路呢？怎样去解决质量检验、过程控制等问题呢？这是我们应当思考的问题。

再来说说生命科学进入分子层次的问题。什么叫分子层次呢？化学家认为世界是由各种各样的分子组成的，所谓的"分子"层次就是"化学"层次。生命科学进入了用化学解释现象的层次。20世纪是生命化学的黄金时代。美国有一位年轻的生物化学家，他在20多岁的时候，与英国一位物理学家一起写了一篇文章，叫作《核酸的分子结构》。他们在文章中探讨核酸到底是什么结构，他们注意到，遗传应该是DNA核酸在起作用，但他们就是找不到依据。他们设想了一个DNA的化学结构。其实DNA并不复杂，DNA里有四个碱基，碱基A一定和T结合，G一定和C结合。他们提出一个模型，并认为DNA分子的结构就是那样的，于是他们用那样的模型，A一定和T结合，G一定和C结合，当两条链断开以后，A就一定要找到新的T，G就一定要找一个新的C，这样不是就发生复制了吗？遗传上生出来的子代很像父代的秘诀就在这里。遗传的秘密应该在这个地方。于是，那位生物化学家便与那位物理学家商量着写一篇文章，将这个模型推广出去，因为它能解释生命过程中的遗传问题。但后来，两位作者之间出现了分歧。物理学家有他特有的严谨，他认为文章不能这么写，因为"A结合T，C结合G"这样产生遗传还只是一个设想，而科学论文可不是想怎么写就怎么写。生物化学家则认为，这篇文章的重点就是要提出可能解释遗传为什么会发生的机制，如果文章不能涉及这个重点，那就不必写了。从他们最后发表的文章来看，估计这两位作者也费了不少周折来表达他们的假说。他们发表出来的稿子是这样的："有一点没有逃脱我们的注意，那就是我们假设的特定碱基配对会直接导出一种遗传物质复制的可能机制。"（原文是：It has not escaped our notice that the specific pairing we have postulated immediately suggests a possible copying mechanism for genetic material.）他们并未断言一定是某种遗传机制，而只说会导出的某种可能遗传机制这一事实没有逃脱我们的注意！科学家治学之严谨跃然纸上！

这篇还不到1000字的文章一经发表，立马引起了极强的反应。科学界终于就遗传是怎么发生的达成了共识。原来 DNA 是这样复制的，生物是如何代代相传的得到了合理的解释。两位作者也因此获得了诺贝尔奖。值得注意的是，在发表这篇文章的时候，其中一位作者只有 20 多岁。DNA 结构模型的发现是生物科学在过去的 100 年里最重要的发现，而有意思的是，这个最重要的发现，竟然是对遗传机制问题给出的一个化学答案，我们的 DNA 就是 A、T、G、C 这四个碱基在那儿摆弄。这是 100 年以来最重要的发现，这个发现超过了达尔文或者是其他一些人的发现，为科学开辟了新的 100 年。所以，在座的 20 多岁的青年朋友们，我希望你们也能有这样伟大的发现。追踪科学的历史有很大的好处，生命科学日益变成了分子科学，折腾来折腾去，结果生命科学却是四个碱基分子在那儿唱戏。生命科学日益变成了化学科学，化学也日益变成了生命科学，之所以会这样，是因为化学家现在特别重视研究生命问题，并在揭示生命的核心秘籍方面找到了自己大有可为的用武之地。

再举一个例子，两次获诺贝尔奖的美国化学家鲍林把鳞状细胞贫血症称为分子病，为什么把它叫作分子病呢？因为这种病的起因就是 CTC 变异变成了 CAC，中间的 T 变成了 A，谷氨酸就变为缬氨酸，正常细胞变为镰状细胞。鲍林从分子水平上查明了这种病的病因，所以将它称为"分子病"。这么一个小小的变异，就造成了病人的红细胞由圆形变成了镰状，导致血管不畅通。一些病人血管堵得厉害，疼得不得了，那种疼就像是手指头被汽车关门卡住了一样。你看，分子水平可以解开生命的道理，那么要研究这种病，要考虑怎么治疗这种病，能不研究化学吗？也许有人会说，就是因为搞化学造成了污染，才使得人们患上这么多病。但是我想说，T 变成 A 可不是化学家造成的，这是自然发生的，是遗传的问题。遗传过程中难免会有我们不希望发生的变异发生，那就叫基因突变，是基因出现了问题。而基因突变也是核酸的化学结构发生变化所导致的。如果我们连这种病的病因都没有办法弄清楚，那还怎么去治这种病呢？现在有些病我们还找不到合适的治疗方法，但我们至少可以做一件事，就是在孕妇妊娠时，查清楚体内胎儿有没有基因突变的问题，如果有，就终止妊娠。当然，这并不是一个最理想的办法，也许有人要反对，认为这是人为干预，不让一个小孩出生。但我们至少可以做到这一点，因为这样的孩子生出来就会是一个悲剧，他的病可能还没办法治好。

在这里，我还想说一下化学模式识别。化学家能帮助我们较早地发现某些疾病，如卵巢癌。卵巢癌如果到了晚期，那患者 5 年的生存率只有 35%，但如果能及早发现，5 年的生存率就可以提高到 90%。所以，如果我们能实现早期发现，那就可以帮助更多的患者延长生命。这就是我今天想与大家分享的化学与生命科学的关系。

此外，我还想与大家分享化学与健康的重大关系，这层关系涉及环境问题。在谈论这个问题之前，我还想说一点，化学实际上对人类贡献并不局限于我之前所讲的那些。也许在许多人看来，化学与计算机信息技术毫无关系，但你们知道计算机是怎么发展到今天的吗？众所周知，计算机源于硅谷，然而硅却是一个化学元素。那么，为什么一个计算机的发源地却要用一个化学元素的名字来命名呢？1946 年时，最早的一台计算机重达 30 吨，一分钟能够完成上千次计算。但因为它里面有 1.8 万支真空管，需要消耗的电力特别大，所以只要它一启动，整个城市的电灯都要暗下去。

20 世纪 40 年代，计算机的情况就是这样的，那么，计算机和信息科学为什么会有今天？这其中就涉及一个重大发现。高纯的硅可以做半导体，可以做成晶体管，而晶体管可比电子管小多了。所以，人们从高纯硅出发，用光刻技术，像照相一样制成一条线路。要知道，光刻技术是一个纯粹的化学方法，但人们用它却可以做成一个微处理器。人们正是用这样的方法，才使计算机有了今天的发展，成为我们日常生活必不可缺的一个事物。由此可见，计算机的发源地之所以用硅这个化学元素的名字来命名，就是因为硅解决了计算机科学的一个难题。我们靠着这个化学元素才有了今天的大规模的集成电路。今天我们的计算机所依赖的各种材料，都是靠化学物质，而要制造这些材料，很大程度上也要依靠化学，如高分子化学。除此之外，像光盘、磁带等，也都是靠化学所提供的材料制成的。过去，化学有多种多样的材料，现在计算机要克服目前这个极限。如果我们能发现新的材料，也许计算机又会有一个新的突破。所以说，计算机要再发展下去，也许还要继续靠化学。

第二部分，我想讲一下化学与能源的关系。大自然的石油、化石原料有限，如何得到可再生能源（包括太阳能、风能、水电、生物质等），成为当前的一个重要问题。太阳能的利用看起来似乎与化学没什么关系，但这其实就是用太阳光的能量来进行化学反应的典型例子。我们要将太阳的热能、光能转换成我们所需要的能量，而能量转换这一化学反应就需要催化剂，这其中最典型的催化剂物质便是硅。看来，化学家口袋里的这个元素不仅能帮助发展计算机科学，还能发挥别的用处。而除了硅以外，我们还可以利用许多不同的化学元素或化合物。如碲化镉太阳能电池，碲化镉是公认的高效廉价的薄膜电池材料，它的光谱响应与太阳光谱十分吻合；还有磷化铟太阳能电池，这种电池的抗辐照性能特别好，因此在航天应用方面备受重视。可见，许多尖端科技的奥秘，可能都可以在化学里找到。

另外，光化学分解水制氢是将太阳能转化成能够储存的化学能的方法。由于氢是一种理想的高能物质，而地球上水的资源又极为丰富，所以光化学分解水制氢技术对利用氢能源来说具有十分重要的意义。1972 年，两位年轻的日本化学家在研究半导体氧化物对光的反应时，第一次发现了二氧化钛的光催化效应，即在一定的条件下，二氧化钛单晶在光的照射下能将水分解成氧气和氢气。这意味着太阳能可光解水，制取氢燃料。当时世界正出现石油大危机，世界各地的科学家们得知这一发现后，纷纷跟进，太阳能光化学转换研究因此成为一个十分诱人的战略课题。此后许多年里，化学家们孜孜以求，但因为效率及稳定性等诸多方面的原因，将太阳能转化为化学能或电能的研究一直未能取得突破性的进展。

如果将来没有石油可用，希望我们能有如蓄电池之类的东西来驱动汽车。不过，到那个时候，我们就需要这种蓄电池充电十几分钟就能走几百公里，而这个问题则是现代人们解决汽车污染的关键。有一次，我问研究新能源汽车的朋友："你们进展得怎么样了？"结果我得到的不是答案，而是一阵牢骚。朋友说他们进展不怎么样，被化学拖了后腿。我听了不禁纳闷，朋友解释说，解决这个问题的核心关键在化学家手里，化学家提供不了这种充一次电就能够跑几百公里的电池，那也就只好继续烧汽油了；加之化学电池跑的速度没有汽油快，充电时间又太长，所以还无法替代汽油来驱动汽车。我这才明白，原来是这些问题拖了后腿，是其中的化学问题没能解决，导致他们进展困难。没想到，解决能源问题的关键竟然是化学问题。

前面讲到，化学能为信息、材料、能源等科学提供关键的支撑，现在我还想讲一下化学与环境的关系，这是第三部分。我们应该给化学一个公正、合理的评价。过去，人类依靠农药、化肥保证收成，养活了那么多人口。那个时候，人们老是关心蝗灾，因为蝗灾引发的一些流行病一爆发就不得了。山东的蝗灾使大量灾民跨海跑到大连，爱尔兰人也因为蝗灾跑到美国去了。后来，化学家找到了一种叫DDT的药物。其实这个化合物的结构非常简单，虽然它在今天已经成为一种禁用药物，但在当时它救了很多人的命，并且发现这个物质的瑞士科学家还因此获得了诺贝尔奖。当时，DDT对包括疟疾在内的许多大规模传染病确实显现了极大的功效，所以它一问世就控制住了许多疾病，可是人们万万没想到，这种药物对生态环境造成了很坏的影响。在今天看来，这多少有点讽刺意味——虽然这位化学家得了诺贝尔奖，但DDT化合物却对人类造成了很大的伤害。

卡森写了一本《寂静的春天》，她在书中描述说，在美国中部有一个城镇，那里的生活原本很平静，即使到了冬天，道路两旁也依旧美丽迷人，吸引许多小鸟飞来。但如今，那里却变得十分安静，很少有小鸟光临，即使有，也是奄奄一息的。那些快活的鸟儿都到哪儿去了呢？她引用了英国诗人济慈的诗篇《残忍的仙子》，其中有这样一句话："这儿再也没有鸟儿歌唱。"而她这本有名的《寂静的春天》所讲述的就是我们今天这个世界所面临的生态灾难。诚如作者所说，我们一定要清醒，并深刻反省，想想我们究竟会将生态环境带到什么样的状态？

　　不过，我们不能简单地责备当年提出用 DDT 控制那场杀死了几百万人的传染病的科学家。试想，谁能眼看着几百万人死掉，而无动于衷？有位科学家说过这样一句话，有面包吃的人，会有许多忧虑，而没有面包吃的人，只会忧虑面包。如果我们找到了一个方法，但这个方法只解决了面包问题，而没有解决其他忧虑，那这就不是一个好方法。我们要找的，是一个既能解决面包问题，又能保住环境的好方法。

　　化学家们也承认，一些化合物的滥用的确对环境造成了很大的危害，所以大家都很支持禁止使用一些持久性的有机污染物（包括 DDT 在内）。我们要营造一个更美好的生态世界，就要开发更合理有效的农药。这也给了我们一个提示：人类的纰漏不是简单地说化学犯了错，就不用农药，只要能让环境好一些，就宁愿让一些人吃不饱。这样的逻辑是站不住脚的。我们应该做的是去开发更好的农药。那么，有没有更好的农药呢？

　　湖南海利生产了一种低毒的农药，这种农药就很好。法国人慕名来买海利的农药，海利方面叮嘱法国人，只要配制 3% 的制剂，不要太浓，太浓了会影响环境。但法国人不接受，认为那样不行，他们要用 10% 的制剂。结果，法国人用这种农药保住了他们的葡萄，其生产的法国葡萄酒还是名牌，没有任何农药残留。后来我询问海利的同行，为什么我们在中国使用农药会出现这么多问题，但法国人却比我们好？海利的同行告诉我，在法国，农药并不是随便就可以拿去使用的，他们对农药使用管控很严，需要专业人员按照规程在那儿喷洒，一点都不能违规。在这种严格控制下，害虫除掉了，葡萄也长得很好，这样才能酿出世界上最好的葡萄酒。而我们国家对于农药的管理还有点欠缺，农村里两口子吵架，一方赌气喝农药的案例屡见不鲜。这在法国人看来是不可思议的：农户手里怎么能有农药？所以，我们对于农药要有一个正确的评价，不能一刀切地排斥农药，想想别人生产出来的好葡萄酒就少不了农药的助力。

　　如今，化学家已经在和生物学家合作，积极研究新农药了。什么样的农药呢？害虫要繁殖的时候，通常由雄虫放出性激素，雌虫闻到这个性激素后，就会赶来交配。所以，化学家就要在生物学家的帮助下，弄清楚雄虫放出来的是什么物质，弄清楚这个物质的结构之后，化学家就可以将它合成出来，就像前面说的合成青霉素、青蒿素一样，将合成出来的性激素放到一个地方，吸引雄虫前来，就可以将它们一网打尽。这样的农药，只要管理得当，就不会对环境造成很大的影响。所以，我们不能粗暴地拒绝化学，而是要从化学的深度来解决问题。

关于化学对人类的影响，还有一个经典的例子——冰箱。也许有人会提出辩解，要是没有冰箱、空调，我们生活的环境会更好，因为冰箱最早用的不是氟利昂，而是氨气和二氧化硫，那都是有毒的，对人的危害很大。但在当时，并没有人站出来提倡大家不要用冰箱制冷了，而是改用氟利昂，没想到这样还是闯了一个大祸，把臭氧层破坏了。空气里如果有臭氧，那对人来说是有害的，但在高层大气中，臭氧却是非常重要的——它能吸收太阳光中的高能量紫外线，减少紫外线对地球上包括人类在内的所有生命的伤害。如果没有臭氧层，太阳的紫外线就会跑到地球上来，人类患皮肤癌的概率就会大大增加。这是我们没想到的事情，但最后还是由化学家弄清楚了，并因此获得了诺贝尔奖。他们证明了是氟利昂破坏了臭氧层，所以，要解决臭氧层的问题，就要找氟利昂的代替品，而这，也是化学的任务。

还有一个问题，即塑料制品的问题。高分子化学对人类的生活有很大的贡献，我们的衣服、房子、飞机、汽车、桥梁等，都离不开高分子材料。而我们的白色污染即那些被我们乱扔的塑料袋则对环境造成了很大的危害。白色污染的问题要怎么解决呢？可不可以下一道命令，禁止生产任何人工化学物质？这恐怕不是我们的出路。正确的出路应该是改造那些化学工业，把天然高分子的研究提上日程，加大力量研究出不会对环境造成污染的塑料、溶膜等。简单地否定高分子化学是不行的，有些救命所需的人造器官，没有高分子化合物是根本制造不出来的。

其实我们可以看看电子工业的例子。有人说，我们不搞化学工业，不把与化学沾边的事情引到某个区域来，就做点信息产业、电子产品，这样这个区域的环境就安全了。但我们不妨来看一个例子：南方有个地方，专门处理电子废弃物，那里的人们发现，那些废旧的电器简直是一座金矿，那里面有多种稀有金属，比开天然矿的利益要大许多。于是，他们在火炉子里烧电子废弃物，在河边漂洗，就这样，空气和江河便被污染了，而那个地方也就成了一个污染极其严重的地方。所以，那种认为要远离化学、只做一点电子工业就不会影响到环境的想法，恐怕并不是好想法，像这样不惜代价地搞电子工业，恐怕不会比化学工业的风险小，同样会对环境造成污染。

现在，全世界都使用中国制造，全世界都在污染中国，这种局面是一定要改变的。党的十八大要求我们建立一个美丽中国，发展一个生态美好的国家，我们就一定要把这件事情做好，树立"环境是生产的基础"，在解决环境问题的过程中，也要很好地依赖化学知识，充分发挥化学科学的作用，只有这样，我们的生态才会变得更加美好。

化学家提出了绿色化学的概念，提倡建立一种不会对环境造成污染的化学工业。从化学对人类健康的关系来看，我们要注意化学品滥用的问题，要防止一些化学品危害我们的生态、我们的环境和我们的健康。但要正确地处理好这些问题，并不是简单地让化学靠边站就可以了，而是要充分利用更高深的化学知识来解决这些问题。为此，我希望青年朋友们不要忽视化学知识的学习，要让化学在实现你们人生理想的过程中做出应有的贡献！

老年人冬季养生的要点

唐大寒❶

今天我主要从五个方面来讲老年人的冬季养生。

第一个方面是护脚。养生先养脚，还有泡脚、搓脚，脚要经常活动，多走动。护脚就是要从这三个方面考虑。泡脚用热水泡，民间有这样的说法，热水泡脚赛吃人参。所以热水泡脚特别补，这是生活方式，不一定是吃什么才叫补，如果生活方式不当的话，吃补药都没用。泡脚有什么好处呢？泡脚可以促进局部血液循环。人体的血液循环离心脏越远的地方血液循环越差，所以天气一旦冷起来，哪些地方最容易生冻疮？脚、手指、耳朵，因为这些地方都离心脏比较远。耳朵是最容易生冻疮的，为什么？因为它暴露在外面。我们的脚也容易生冻疮，为什么呢？因为离心脏太远了，所以我们强调要护脚。当我们很劳累的时候，局部的肌肉紧张，泡脚可以舒缓一下肌肉，消除疲劳、改善睡眠。这一点对老年人来说可能很重要，有的老年人晚上总是睡不好，睡前用热水泡泡脚，有助于睡眠。

但泡脚时也要注意几个方面的问题，水温不能太高，40 摄氏度左右就

❶ 作者简介：唐大寒，原中南大学湘雅二医院营养科主任医师、教授、高级药膳食疗师、湖南省医学科普作家；现任湖南长沙珂信肿瘤医院营养科主任，兼任湖南临床营养质量控制中心主任、湖南营养学会副理事长、湖南省药膳食疗研究会副会长、世中联药膳食疗专业委员会常务理事、中国医师协会营养医师专业委员会委员等职。先后从事临床医疗、教学工作 47 年；发表科研、教学论文 40 篇、医学科普文章 500 余篇；主编、参编专著 12 部；获国家发明专利一项；获省部级科研成果 3 项。多次获湖南省委宣传部、省科协等联合颁发的优秀科普成果奖。擅长临床危重病人营养支持、糖尿病及慢性肾功能不全病人饮食治疗、肿瘤营养代谢与免疫治疗、居民健康教育及健康管理师、营养师培训等。

可以了，太高了不行。水温太高了会出什么问题？一是可能会把脚烫伤，即使我们没有达到烫伤的程度，也有可能会引起心脑血管供血不足，因为脚部的血液扩张过度后，血液就全部集中到脚上了，头部的血就会少一些。老年人的血液循环本来就不好，这样就容易引起头发晕、心发慌。二是泡脚的温度太高的话，把油脂腺消掉了，就会造成皮肤水分不足，皮肤就容易干燥。干燥后会出什么情况？开裂，开裂以后血管爆起。泡脚的时间也不要太长，长了以后也容易引起心发慌、出汗，实际上跟刚刚讲的心脑血管供血不足的道理是一样。我们提倡的是温水泡，温水里面还可以加一些生姜、萝卜、橘子皮、醋。中草药泡脚也是有好处的。还有一点需要注意，老年人最好不要坐在矮凳子上泡脚，因为坐在矮凳子上泡完脚以后，如果起身有困难，旁边又没有人扶，是很容易发生意外的。

除了泡脚，还可以搓脚。民间流传着"常搓脚心，防病进身"。冬季常搓脚有较好的通筋、活络、强身健体的养生效果。搓也有几种讲究，有干搓，泡了脚以后就用手去搓脚心。还有湿搓，泡了以后马上就搓，甚至在水里也可以搓。还有用酒搓，在手心里滴几滴酒，然后再去搓脚，还有人用别的外用药去搓也是可以的。还有一个搓的方法的问题，左脚怎么搓，右脚怎么搓？其实比较简单，抓住脚前面的半部分搓，也可以让别人搓，一只脚反复搓，搓到发热为止，大约需要100次。搓的时候需用一定的力度，但也不能太用力，用力过猛可能会导致老年人骨折，因为老年人的骨头是最脆的。

另外还有一个方法，我们提倡能走动的老年人，在适宜的天气，到外面去走动走动，但是如果刮风、下雨或下暴雪，尤其是冰冻的天气，就不要出门。雾霾天气老年人也不要进行户外活动，尘雾、有害气体会影响身体健康。此外，什么时候去、能不能去，还要根据自身的情况来判断，有的老年人本身就行动不方便，如果强行要他出去走动，可能会发生意外。为什么要大家出去走动？因为最好的运动是步行，最好的药物是食物，最好的医生就是自己。

第二个方面就是防寒保暖，防寒保暖要做哪些措施？第一点是变天就要加衣，有的老年人不服老，平常天气稍微热一点，就把衣服脱了，结果一下就着凉了。什么时候要穿衣，什么时候要戴帽，这些基本的生活常识老年人一定要注意做好。有的老年人比较固执、幼稚，作为子女就要耐心劝他、哄他加衣。第二点就是早睡迟起，冬天天气寒冷，尤其是早晚。冬天如果睡得迟，就睡不好，休息不足就会伤身，也会伤神。冬天起得太早，外面天气太冷也会受不了，其实我们躲在被窝里就是一种养神的方法，老年人也是这样，冬天早睡迟起就避开了寒冷的时间段。第三点就是要睡得充足，养精蓄锐，冬天养生要护阳，如果睡在背光里，阳气就不足，老年人本身阳气就不是很足，如果到外面吹吹风，就容易受到伤害。所以养生就要潜藏阳气。还有，要经常锻炼身体，白天起床的时候，如果感觉冷，就可以通过运动发热取暖。

第三个方面就是注意房子的通风换气。老年人都怕冷，冬天来了，外面冷，打开窗户怕受凉，这一点可以理解，但如果遇到风和日暖的好天气，一定要及时开窗通风。什么时候开窗通风好一些呢？下午。如果不打开窗户的话，污染会很重。有人会问，污染从哪儿来的呢？这个房子我住了几十年，哪儿来的污染？装修就不用讲了，但是家里要不要煮饭、炒菜？煮饭、炒菜就会带来液化气的污染。吸烟也会带来污染，还有人出汗、呼吸，人排出的废气都会有污染，所以一定要通风透气。通风以后一些细菌容易排出去，这样患病的概率就减少了一些。但通风透气也要注意避免受凉。外面天气好的时候，可以到外面晒晒太阳，晒太阳可以把身上的一些细菌晒死，而且通过阳光还可以补充维生素、补钙。补了钙可以预防骨质疏松，所以越是冬天越要晒太阳。

第四个方面是郊游、聊天。老年人如果身体情况良好，可以到外面去郊游，或者是到茶馆坐一坐，与同龄人、谈得来的伙伴喝茶、聊天、下棋、打麻将。还可以锻炼身体，做一些运动。老人适合做些什么运动呢？一般是太极拳、门球、瑜伽、散步、钓鱼等。

第五个方面给大家讲讲饮食养生的要点，它有三个原则。第一个原则是要吃淡一点，省咸增苦，少吃含盐多的食物，多吃些苦一点的食物。长沙老年人口味特别重，特别喜欢吃些咸的食物，比如猪血丸子。其实猪血丸子含盐量很多，我们要尽量少吃含盐或含钠离子多的食物。味精含钠，鸡精也一样，酱油也要注意少吃。可以吃一些苦味的食物，有的人可能会问哪些食物是苦味的？首先提到的就是苦瓜，其实除了苦瓜，还有白萝卜、芹菜、香菜、莴笋等。第二个就是要喝粥，热粥养胃。因为冬天比较闷，早晨起来喝点热粥，容易消化，有助于减轻消化道负担。另外，加了红枣、糯米、杂粮的热粥还有健胃、健脾的作用。如果想养神、养心，就喝桂圆粥；如果要健脾养胃就喝茯苓粥。有人问萝卜粥怎么煮？直接把萝卜切成碎块状和米一起煲就可以了。我们还可以根据个人口味在粥里加点别的东西，喜欢吃甜的就加一点糖；喜欢吃咸的，就加一点盐，但是盐不能放太多，盐放太多的话，粥不但不会化痰，反而会增痰。

为什么要提倡补一补呢？这是因为人到老年以后，自身的抵抗力就衰退下降了，冬天适当进补，可以增强抗病毒的免疫能力。怎么补呢？我们先选择食物，有一句话叫作药补不如食补，所以食补要放前面。食补有哪些呢？红枣、枸杞、蘑菇、白木耳等这些东西全是食物，在饮食里要有意识地进行选择、搭配。食补不是想起来了就吃一餐，而是要长期坚持，天天吃才有效用。要吃多长时间呢？快的可能半个月、一个月以后起作用，慢的则可能是两个月、三个月甚至更长时间。比如说有的人怕冷，怕冷多半是阳虚，肾阳虚的人就可以选择老百姓通常讲的羊肉、狗肉、鸡肉。狗肉、羊肉什么时候吃比较合适？冬天。但是有些人刚好相反，夏天吃狗肉，其实是冬病夏养。有一些中医养生的方法是反季节的。我们冬天吃这些可以说是亡羊补牢，夏天吃这些那是提前预防。有的人吃了狗肉反应厉害，心发热，出现这种情况的人本身可能是阴虚，阴虚的人吃狗肉来补阳，那就补错了，是火上浇油，必须要滋阴。如果是气血双亏，也会怕冷，这种情况可能比较多见于女性。这种情况下选择进食鹅肉、鸭肉、乌鸡、动物肝脏、红肉比较合适。红肉包括猪肉、牛肉、羊肉、狗肉。另外当归补血，党参补气，这些都是药，在食补中也可以加这些东西，但是不能随便乱加，最好去咨询一下中医。药补要因人而异，比如说人参，不能因为人参是大补的药材就认为大家都可以吃，这是错误的。人参也是有的人能吃，有的人不能吃。药补不能自己随意掌控，最好去问问中医，要中医为你辨症，辨症以后才知道哪些东西能吃，哪些东西不能吃。当归、黄芪、虫草、灵芝这些东西是通用的补药，滋阴补阳都可以，有助于提高免疫力，增强体质。在此必须提醒一下大家，药补是一人一个方法。前面讲的泡脚、洗脚每个人都可以做，但药补的话就必须到中医那里看一看，听医嘱，对症药补。

我们常说吃补药是吃钱，如果需要进补，如何尽量少用钱呢？补体先补胃，为什么？如果胃不调理好的话，整个饮食和营养就跟不上，无论吃什么补药都不会起作用。

老年人冬天养生的方法其实很简单，我们回去就可以照着做。如洗脚、泡脚，晚上回家就可以泡一泡，坚持天天泡。此外，我们还要有健康意识，要养成健康的生活方式，不仅仅是老年人，也包括青年人。只有坚持健康的生活方式，并落实在行动上的时候，才能达到最佳的养生效果，我们才会更健康，才会长寿，才会幸福。

建宜居环境，与自然共存

李 皓[①]

本次讲座的主要内容分三个方面：第一是介绍宜居概念；第二讲讲如何利用自然的力量来净化空气、保护水体、分解垃圾和绿化环境；第三谈谈如何依靠我们自己的力量清洁社区。

一、人居环境演变和宜居概念

工业化城市是我国最近 30 年城市打造的目标，规划的城市模型是西方国家创建的。但是建这样的城市，建一个污染一个，于是大家开始反思工业化城市模式、工业化城市的结构以及它的环境特点。

首先是人口密集型居住，所有的物资供应要依赖于运输。建筑以楼房为主，地面以硬化为主。由于大面积硬化了地表，植物在硬化区域生长困难，因此，工业化的城市缺乏大自然的生存空间。

其次是环境污染问题。20 世纪中期，各类环境污染在西方发达国家爆发，因此，一些学者开始进行环境保护的研究。他们主要研究的是这些污染从何而来？为什么世界上农耕传统保留好的农村地区没有被污染？他们

① 作者简介：李皓，自然科学博士、环境科普学者。1975—1978 年在重庆市巴县当知青。1978—1982 年在四川大学生物系读本科。1982—1984 年在西南农业大学土壤化学系工作。1984—1986 年在中国科学院成都生物研究所工作。1986—1994 年在德国弗朗霍夫（Fraunhofer）研究院汉诺威毒理研究所工作。1994 年获德国汉诺威大学自然科学博士学位。1995 年回国到北京医科大学博士后流动站工作。1996 年至今，从事向社会普及环境科学知识的工作。现为中国科学院老科学家科普演讲团成员。

从中发现了环境容量的变化。

什么是环境容量呢？以农耕独居模式为例：农民的一所房子，周边都是土地或树林，农民每天要做饭，就会产生炊烟，要洗东西，就会有脏水排出，此外还有垃圾、粪便等，但是这些炊烟、脏水和固体废弃物排到大自然后，都能被大自然吸收分解掉，成为土壤需要的养分。这种大自然对人类活动排放的烟、水、渣的分解能力，就叫环境容量。村庄聚居模式也具有这一特点：村民聚居在一起，周边的环境中有大量的土地、植物、树林，环境也具有吸收和分解炊烟、废水、废渣、粪便的能力，也能够把这些脏东西分解成干净的成分，从而又变成土壤的一部分，成为对植物生长有利的肥料。这种叫环境容量的能力，其实就是大自然分解污染物的能力。

但是对于大城市来讲，由于人口高度密集居住，每天人们因为生存要排放的烟气、脏水、垃圾无法被城市环境分解吸收掉，就出现了污染物的积累。污染物积累是排放超过了环境容量而出现的问题，会影响人们的健康。人一日三餐要吃的农产品是农村生长出来的。随着城市的不断扩大，运输农产品的距离越来越远，一切要依靠油耗，这个距离越来越远的话，就必定导致物价提高，所以，大城市模式是非常不利于可持续发展的。50万人口是比较科学合理的城市尺度，同时，城市周边一定要有郊区、农村来为城市提供给养，并化解城市的基本排放。

城市到底存在哪几大污染？第一是空气污染。空气污染大家都能看得见。空气质量一级时，户外的能见度很高，你从楼房的窗户就能望见远山，但是，有空气污染时，你就看不清楚。

第二是水污染。水对人类有五大功能：饮用、盥洗、浇灌庄稼、养鱼、观赏。如果水发黑发臭，五大功能都没有了，就会出现污染性缺水。

第三是垃圾污染。生活垃圾中有腐烂、发臭的东西，还有大量不能降解的塑料垃圾，有毒有害的废弃物如电池、日光灯管、过期药物、装修油漆等也常混入其中，一旦被扔到环境中或集中填埋的话，一旦下雨，有毒有害物质就会随水到处流，污染土地、河流，甚至污染地下水。垃圾填埋场周边非常臭，且大量的塑料物质又不降解，所以建垃圾填埋场会大面积毁坏土地。

　　第四是城市的热岛效应。热岛效应怎么来的呢？热岛是什么意思呢？由于城市中心的温度比郊区的温度要高出好几摄氏度，若以城市、郊区、农村为横坐标，温度为纵坐标，画出气温变化图来，城市中心区会像一个岛屿那样凸起。这主要缘于城市有大面积的硬化地面，高楼多，树林少。硬化地面的比例过大，加上人造建筑的硬质表面过大，城市就会出现极大的吸热与反射热的面积，特别是在夏季，很容易在硬质表面出现高温区。

　　让我们来看一个实例。这是一个奥林匹克中心规划设计图，似乎显得豪华又现代化，但是我们一看就知道存在问题，因为它留给大自然的比例太小了。我们可以看到：设计图中有树林区和水域区，但这些区域加起来还不到总面积的 30%，70% 的区域不是硬化地表就是人造建筑，这会出问题的。为什么？因为我们的地球，从天上往下看，是一个水的星球，70% 是海洋，陆地上还有很多森林；而我们身体里 70% 也是水，所以软和硬的恰当比例一定要搞清楚，硬的东西千万不能超过 30%。这个奥林匹克中心按照设计图建成之后，在奥运会使用时搭了很多帐篷来遮阴、降温，但是当奥运会结束、帐篷被拆除之后，问题就凸显出来了。鸟巢前的南广场，夏季七八月份根本不能逗留，因为温度太高了，导游带着旅游者是不敢在阳光下去南广场走的，否则可能会出现中暑、晕倒症状。听了这个消息后，我曾拿了手持气象仪去做温度实测。2011 年 8 月 10 日，北京预报的最高气温为 33℃，比我们的体温要低 3~4℃，应该是比较舒适的，但到鸟巢的南广场测一测，气温已达 38.7℃。这里的气温为何如此之高？主要是由于大面积的硬化地表吸收了太阳的辐射热，变成一个巨大的高温体，烘烤着南广场上的空气，把空气加热了。这还不是最严重的，最严重的是什么呢？我拿手持气象仪，测了一下南广场当时的热压力指数，什么是热压力指数？当温度实测是 38.7℃，但人体所感觉到的温度比 38.7℃ 要热，这就叫热压力指数，就是感觉温度。感觉温度也叫酷热指数，它要受湿度的影响。当时所测南广场的湿度为 35.6%，热压力指数已达 42.6℃。热压力指数分几个级别：热压力指数小于 26.7℃ 时，是没有危险的；但上升到 32.2℃ 时，就到了警戒级别；42.6℃ 已经进入危险级别，在此危险级别中，人若长时间活动，可能出现热痉挛、热衰竭及中暑现象。

　　2010 年 1~6 月，在我国部分省会城市的最高气温比较中，济南最高达38℃，当年的8月，济南热死了8名户外工人。可以推测：这些工人在户外工作时，其环境的热压力指数肯定超过了42℃。从这个例子可以看出：如果城市的管理者、建筑规划和设计者不了解人造硬质表面会增加热压力指数，就会使人们付出生命的代价。盲目追求地面硬化与高楼林立的设计，还会使城市经常出现雾霾天，这是因为高楼大厦的材质表面也像硬化地面那样，能够吸收与反射太阳的热，使自身变热并加热空气。如果城市里突然建起大量高楼，就会出现热岛效应，热空气上升时，会将飘浮的污染物和水汽带到城市上空，难以沉降，雾霾天就会增多，而且高温易促发光化学反应，产生烟雾，其产物是低空臭氧，对健康十分有害。因此，城市规划要根据气候条件来设计，否则就会带来很多难以治理的环境问题。

热岛效应的主要危害有：改变气候的舒适度，增加城市的能耗；改变降水规律，增加水资源消耗；有助于病菌的繁殖与传播，传染病会增多；增加呼吸系统和心血管疾病的发病率；还会影响本土物种的生存条件，比如树木生长不好。

1996年，联合国召开了第二次人居大会，提出"城市应当是适宜居住的人类居住地"的概念。这可理解为：城市不是比楼高的地方。联合国会议达成的共识是：城市应该是人们携手共建的家园，充满和平、和谐、希望、尊严、健康和幸福。现在，国际上对城市宜居度的评分重点关注五个方面：社会稳定度、医疗服务、文化与环境、教育（包括终身教育）、基础设施（包括清洁能源、污水和垃圾处理设施等）。

中国根据联合国提出的宜居城市的概念，也对宜居城市提出了环境质量要求。第一是空气质量的要求，一年365天，空气质量指数不能出现污染级别。第二是水质要求，饮用水水源地水质要百分之百达标，城市污水处理率达到百分之百，绝不能未经处理就排放。第三是废弃物管理，城镇生活垃圾的无害化处理率100%，工业固体废弃物的处置利用率100%。第四是城市绿化，人均公共绿地面积10 ㎡，城市的绿化覆盖率达35%。

根据以上标准，我们可以自己判断哪些城镇是宜居的。宜居的环境特征可概括为五方面：空气质量好，水资源保护好，垃圾资源化处理，绿化顺应自然，无明显热岛效应。在中国古代建造的人居环境中，这五个环境特征都有，因此，中国传统的人居环境体现了极高的人与自然共存的宜居水平。这就是为什么到现在还有那么多外国人到中国来旅游的原因。他们到中国来不是看高楼也不是看工业化的，因为这些都是跟他们学的。他们要看最吸引人的东西，看什么呢？看古代中国。为什么一座古城、一座古庙、一处古村落，上千年了，还有人居住？因为宜居，因为它们与环境是和谐共存的。外国人来中国就是要看这些，他们从中发现了许多古代中国保护环境的道理和做法。他们学习这些，用于解决他们自己国家的环境问题，现在已有很好的效果，而我们国人却还不太了解。

二、利用自然的力量净化空气

在空气里的悬浮颗粒物中，有一大类粒径小于10微米，叫飘尘或可吸入颗粒物，也叫PM10。这类颗粒物不受我们鼻毛的阻挡，通过我们的呼吸进入呼吸系统，5~10微米大小的颗粒物可抵达气管和支气管，如果咳嗽，咳出的痰里有黑色物质，就是这些颗粒物的沉积。小于5微米的颗粒物能进入细支气管。小于或等于2.5微米的颗粒物即PM2.5，能进入肺泡，而进到肺泡的颗粒物是无法通过咳嗽排出体外的，它们的一部分可通过肺泡进入血液，另一部分滞留在肺泡中影响人的肺活量，甚至诱发肺的病变，这就是PM2.5对健康伤害极大的原因。

世界卫生组织指出：在发展中国家，空气中的PM10里约一半是PM2.5。在发达国家，由于很多基础设施已建成，建筑工地少，但汽车多，所以其PM10中PM2.5占50%~80%。细颗粒PM2.5主要来自燃烧，烧煤炭、汽油、柴油、食用油、木材、垃圾、秸秆、树叶、烟草等产生的烟雾里都有大量的PM2.5。粗颗粒（直径在2.5~10微米的颗粒）主要来自摩擦，比如车轮摩擦地面产生的尘颗粒、轮胎橡胶颗粒、还有施工扬尘、裸土扬尘、建筑积尘等。

可吸入颗粒物PM10对健康的危害主要表现为会加重心脏和肺部疾病。欧盟国家规定：一年中，PM10日均浓度高于$50\mu g/m^3$的天数不得超过35天，即不能超过总天数的10%，而$50\mu g/m^3$这个浓度正是我国一级空气质量的标准。所以，要达到欧盟国家的标准，PM10为一级空气质量的天数一年要达90%，这才算得上空气质量与国际接轨了。德国的空气质量报告显示：PM10的浓度低于$50\mu g/m^3$，颜色标识为白色到蓝色，表示安全；$50\sim100\mu g/m^3$是橙色，表示警戒；高于$100\mu g/m^3$是红色，表示有害。我国是发展中国家，我国规定的空气质量一级和二级都为达标，但二级空气质量的PM10达标浓度为$150\mu g/m^3$，这一浓度值在欧盟的标准中是红色，算严重超标。

遇到严重雾霾天气时，出门要戴口罩，医用口罩就行。棉口罩戴完后还可洗了再用。为什么医用的棉口罩能过滤可吸入颗粒物呢？因为医用的棉口罩是挡细菌的，细菌的大小为0.5~12微米，正好在PM2.5到PM10的范围内。在雾霾天，老人、小孩外出要戴口罩，骑车人也要戴口罩，因为骑车时呼吸量比步行大得多，步行也最好戴上口罩。在室内，一定要关好所有的窗户，不要通风，做好室内清洁，这能降低室内空气中颗粒物的浓度。其实开窗通风是一个误区，在关窗状态下，氧气是能够进入室内的，而颗粒物能被挡住一大部分。室外常出现污染空气时，关窗能保持比较稳定的室内空气环境，这是我们应当了解的自我保护知识。

20世纪50年代，欧洲国家空气污染最严重的城市是伦敦。1952年12月4日~9日，伦敦发生了严重的空气污染事件。当时烟黑浓度的日峰值超过$5000\mu g/m^3$，因烟黑含大量PM10，可推测其PM10的浓度接近$5000\mu g/m^3$，比现在中国规定的PM10严重污染的临界浓度（$420\mu g/m^3$）要高出10倍以上，而且，当时伦敦空气中二氧化硫的日均浓度达到$3000\sim4000\mu g/m^3$，导致产生了严重的酸雾，使大约4000个老人及心脏和呼吸道疾病患者过早死亡。

但到了20世纪90年代，伦敦的天空出现了蓝天白云，那里的空气污染治理好了。伦敦治理的过程以一件礼物的形式形象地展示给中国公众。2010年上海世博会有一个伦敦案例馆，馆中展示着一件伦敦送来的礼物，是一只皮箱，箱子里有三个不同年份的伦敦瓶装空气。第一瓶是1953年的，正是1952年冬季伦敦发生空气污染事件之后，整个玻璃瓶内部是黑色的，玻璃瓶体本来无色透明，黑色表明其中全是煤烟型颗粒物。此后，伦敦通过采取一系列措施治理空气污染，到1970年，伦敦的空气质量已有明显好转，第二瓶空气就来自1970年，可以看到：瓶中煤烟型的黑色细颗粒没有了。这是怎么治理的呢？伦敦让所有燃煤工厂迁出城市，并要求居民生活使用的燃料——以前是煤，家里取暖做饭都用煤——全部改成燃气和电力。所以到了 1970 年，伦敦的煤烟型污染治理好了，但空气瓶中还可见扬尘颗粒物的污染。第三个瓶装的是 2010 年的空气，非常干净，灰尘颗粒也看不见了。

伦敦是怎样做到让城市里灰尘那么少的呢？伦敦相关部门经过研究发现：城市中有两条街道，楼一样高，住的人数和来往的车辆都差不多，但一条街道有行道树，而另一条没有。在有树的街道，树长得高大，树冠浓密，与没有树的街道相比，空气里悬浮的颗粒物减少到 10% ~ 15%，也就是说，85% ~ 90% 的悬浮颗粒物没有了，被树叶吸附了，有些污染气体还能被树叶直接吸收，因此，树木能净化城市空气。现在到伦敦去旅行，可以看到整个城市到处都是大树，树长得高高的，另外还随处可见长有攀缘植物的篱笆和墙体。植物净化了伦敦空气中的飘尘。

有植物生长的地方，就有土壤，但在伦敦的城市绿地中看不到暴露的土壤。这里的绿地表面都覆盖了一层 5 ~ 10 厘米的园林有机质，主要由木屑组成。木屑呈块状，如拇指大小，由树皮和树枝粉碎后拌上 50% 园林腐殖质构成，刮风时，这一木屑层不会起尘。而且，木屑覆盖在绿地表土上，使土壤微生物非常活跃，它们能疏松土壤，增强土壤的吸水能力，下雨时，雨水穿过木屑层，能快速下渗入土。吸收了雨水的土壤湿润，因覆盖了木屑层而不受阳光暴晒，土壤就能保湿，不易干燥，这也使得伦敦的绿地不产生扬尘。不只在伦敦，从欧洲到北美、大洋洲、日本等发达国家都采用这个方法，城市绿地不再有土壤暴露，成功地避免了城市绿地（包括树坑）裸土产生扬尘的问题。

伦敦还重视攀缘植物，因为树要很多年才能长大，种攀缘植物的话，一年就可以长到齐墙高。攀缘植物能在夏季给墙体隔热，冬季隔寒，还能够吸收汽车尾气，这也是净化空气的好方法。

此外，屋顶如果是水泥平台的话，最好种一些天然耐旱的植物，把屋顶绿化了。绿化之后，水泥屋顶就不再产生热岛效应了，同时落到屋顶上的灰尘也能够被吸附住，刮风时屋顶不会出现二次扬尘的问题。由于城市有植被区，地表有树林区、有绿地，墙体有立体绿化，屋顶上也有植物——整个气温就降下来了。气温下降，空气中的悬浮颗粒物随着冷空气往下沉，往地面沉降，这些颗粒物会被植物的叶子吸附住，吸附之后，气流就干净了，这样就能把城市上空漂浮的脏空气置换干净。

还有一个典型例子发生在纽约。一百多年前，全世界修高楼最疯狂的地方就是纽约，那时纽约的空气非常污浊，污染严重。所以 150 年前，纽约几位有远见的学者就建议在纽约建中央公园。正因为有了这个巨大的中央公园，纽约解决了热岛效应和空气污染问题。中央公园已建成 150 年了，它的面积为 3.4 平方千米。中央公园里有一个大水库，为纽约人提供生活用水。中央公园里面有大量的树木，许多大树的树龄在百年以上。公园里还有很多宽敞的道路，但没有机动车道，园内的道路只用于步行、跑步、骑车、滑板或行走马车，全是无能耗的交通方式。中央公园下面建有隧道，机动车要通过中央公园，可以走隧道。中央公园是免费的，它有很多入口，市民经常穿行在中央公园中，以避免走在马路边呼吸汽车尾气。

懂得了植物的叶面可以净化空气，就知道城市的草地不要频繁修剪，不要把草地剪成板寸。把草叶剪得很短，会减弱草地的吸尘能力，还会使草地土壤暴露，水分蒸发，草地生长不好。城市绿地中的草不要过度养护，一般让草长到几十厘米高之后，才修剪一次，剪下的草渣应留在草地里，以补充土壤的水分和有机质。

伦敦城郊的机动车道上也没有扬尘问题，因为其道路设计是有讲究的。路面设计有坡度，道路中间高，两边低，坡度约为 0.2% ~ 0.3%，有了坡度，路面的灰尘颗粒能随着气流自行运动到路边较低的草丛中。因此，机动车道旁的绿地应是下凹式的，只要路边绿地比公路路面低 5 ~ 10厘米，道路上的灰尘、雨水都能自动进入绿地被吸收掉。若绿地的草长得高，草根扎土就深，下雨时，这样的草地吸收雨水的量更大。如果公路旁的草长得过高，需要修剪，剪下的草留在原处任其腐烂即可，有腐烂草的土壤很肥沃、疏松，湿润且透气性好，草地中的大树自然就长得壮实、枝繁叶茂。

我国还不太懂得学习和借鉴近 20 年来在发达国家流行的生态设计新概念。目前中国城市出现的很多环境问题，大多是因设计不当造成的，如路面灰尘很大，路边虽有绿地，但路面与绿地隔了一个凸起的道牙石。绿地是需要水分的，一定要建在低处才能接纳到水。但设计者往往将路边绿地设计得高于路面。路面上的水无法进入绿地，绿地土壤就会干旱，而在给绿地浇水时，因绿地高，水会带着绿地的泥土流到马路上，水干之后，泥土被来往的车辆反复碾压，四处飘散，产生扬尘问题。这种因绿地高、路面低产生的尘污染是清扫不净的。这样的设计不符合物理学原理，因而会导致路面反复出现扬尘问题。

在德国，新的道路设计很注重对人与环境友好，比如，在机动车道旁有植草沟，沟的另一侧是自行车道，旁边的林荫道供步行者专用。植草沟中的草能大量吸纳雨水和地表径流，林荫可为路面遮阴。这种能满足开车者、骑车者、步行者各自需求的三条道路的并行设计，而且路旁有植被和树林生长的空间，就是对人和环境都友好的设计的具体体现。路边的树木长得高大，为路面遮阴的效果就好，树荫能减少地表在夏季升温。若城市大量种树，就能给城市整体降温，减少热岛效应，降温能降多少呢？在夏季，树荫下的沥青路面温度可以降12℃，气温可以降3℃。

空气中的悬浮颗粒物在夜间温度凉时，沉降到地表上，需要地表给它们提供能够附着的表面。如果城市地表多为没有缝隙的硬化地面，就令天地不通了。地表是大地的皮肤，皮肤上一定要有毛孔，如果天地不通的话，天降的水和尘就只能留在硬化地面上，阳光一照射，水又化作水汽回到空气中，无法入地的尘颗粒也会再次随热气流进入空中，空气就会又污浊起来。所以现在发达国家的城市铺设地面，是把过去硬化的地面改造成具有透水吸尘功能的地面。

铺设透水吸尘的地面，在中国古代1000多年前是惯例。在中国许多名胜古迹，我们可以看到古人使用砖、石等材料铺砌的地面，下雨天不会湿脚，因为地面的砖、石有缝隙，能吸收雨水，走在这样的地面上，脚不会粘泥；晴天时，因砖、石缝中的泥是湿润的，这样地面也不起尘。

工地是万万不能硬化地面的。环保局提出工地必须硬化地面，以为这样能减少工地扬尘，其实是不对的。将工地地面硬化之后会增加治理扬尘的难度，这是因为，工地上有大量的水泥等建材，施工区常使用水来降尘，而硬化后的工地地面不能吸收水和尘，工地降尘产生的泥水就会顺着硬化地面流到工地外的马路上去，经来往车辆车轮的碾压，马路会变得尘土飞扬。所以发达国家的工地地面，只铺砾石。工地地表铺砾石，能够阻隔汽车车轮接触泥土，所以车轮很干净，而且砾石表面有很多缝隙，吸尘与吸水的表面积大，使工地上的灰尘、降水能全部吸到地表下去，这才是环境友好型的做法。而且，工地铺砾石省钱、省时，完工后，砾石方便回收，地面复绿快。回收的砾石可铺到屋顶上，使屋顶具有吸尘能力，这些做法在发达国家已普遍应用。

砾石还可铺在立交桥下的空地上。长沙在立交桥下种了一些绿植，这是没有意义的。因为立交桥挡住了阳光和雨水，而绿植的生长总是需要阳光和雨露。没有雨水的洗刷，立交桥下的植物叶面会积淀很厚的灰尘，对城市景观和净化空气都无好处。在立交桥下铺砾石，石子表面吸尘又透水，下雨时，立交桥上的雨水与尘土被引到桥墩下，能立刻被砾石层吸收，不会流到马路上去，这既可减少内涝，也能消除尘污染。

其实，石子铺地的做法在中国古代就已很普遍。中国的古园、古村、古道中都曾广泛使用这个方法。苏州的一些古园林常用碎石片、碎砖块来铺路，地表很结实，并能留出很多缝隙来接纳雨水、吸收尘土。这样一来，尘土能够不断地进入地表去充实地基，而地基的泥层也能不断地吸收雨水，保障丰富的含水量，地表的地基就能稳定、结实，不易塌陷。如此铺路的另一个好处是，因地表的透气、透水性好，园中的树木生长不会受铺地的影响，因为树根在地下能呼吸、能吸水，树木就能长得旺盛。所以中国古代的人居环境，其铺地方式、绿地设计、绿植方法都具有极好的净化空气的效果。我们想要建设绿色城市，要多学习中国传统园林的方法。

三、利用自然的力量保护水体

陆地上的淡水主要是来自天上。地球表面70%是海洋，海水在阳光的照射下蒸发，咸水脱盐成了淡水，水蒸气到天上形成云，在风的作用下，云飘到陆地上空，遇到冷空气时就形成了降雨。雨水降到地表，源源不断地往低处流，最终又会回归海洋。雨水是淡水，我们要想办法把淡水留住，有两个方法：一是让它流到湖泊、水库中去，二是送到地下去。地下水资源丰富的地方，一般不会有缺水的问题。在地下水资源丰富时，水压比较高，水会经过石头的缝隙喷出。所以地表需要很多植物，特别是耐旱型的植物，这些植物的根系又粗又长，下雨时它们能够把雨水送往地下。另外还要注意保护生态，生态保护好了，地表有很多小动物，这些动物在地上打些洞，下雨时，雨水也能通过这些洞穴流入地下，而不在地表上流，就不会形成洪水。

现在我们的城市最怕下暴雨，暴雨在 24 小时内的降水量为 50～99.9 毫米。因为城市有大面积硬化地面，雨水无法下渗入地，只能汇聚在地表。而城市的屋顶是不能漏水的，屋顶雨水也全部要排到路面上去，这些水都不能渗到地下去，只能顺着道路往低处流。立交桥下往往就是最低处，于是，雨水迅速被排到此处，很快，立交桥下的水位会上涨，一旦超过 1.5 米，就有淹死人的危险。因为 1.5 米是小轿车的高度，如果此时立交桥下停有轿车，车内有人，水深高度超 1 米时，车内的人就难以打开车门了，当水深高度上涨到淹没轿车时，车内的人就会窒息死亡。这个问题怎么解决呢？方法很简单，就是让地表径流和屋顶雨水不往马路上排，而是利用马路旁的人行道地表、绿地、社区、单位院内的透水地表将来自地面和屋顶的雨水吸收入地，这样做能大大减少汇流到马路上的雨水量。

在故宫的宫院里，屋顶的雨水降到院子中，院子里铺的砖是透水砖，有很强的吸水能力，砖缝也能吸水。这表明：中国古代的建筑设计在减少水灾方面做得非常周全。院子的地表能吸收雨水有两个好处，一是避免地表积水产生内涝。（为保障住房不进水，古人建房时要修一个台基，台基通常比院落地面高 40～80 厘米，房子建在台基上，这在故宫或中国传统乡村中都能看到实例。）还有一个好处是什么呢？因为院子里有水井。水井是人们日常生活的取水之处，天天取水，水井的水位会下降。让屋顶的雨水流到院子中，再渗到地下去，能补充地下水资源，让水井的水位不下降。

在杭州的一座古庙——岳王庙里，有一口古井，是清朝康熙年间修建的，距今 300 多年了，直到现在，古井中的水位还没有下降。这表明：这里的环境是宜居的，因为有水的地方人才能生存。岳王庙古井的水位保持不下降的原因在于：园内的地表设计保障了通透雨水。园内地表用了很多鹅卵石铺设，卵石间有缝隙，缝隙是吸水的，加上园中以其他形式铺砌的透水地表和下凹式绿地，整个岳王庙的透水地表面积占了总面积的80%左右。德国的研究者们认为：要让一个城市的地下水位不下降，这个城市的社区、人行道、公园、停车场、学校、商业步行街等的地面应当都具备透水功能，城市除机动车道外，透水地面的比例应达到80%。而中国的古建筑设计早就这样做了。

用鹅卵石铺地的方法从宋朝起就有了。元朝时，意大利人马可·波罗来到中国，他回欧洲后，把中国这样铺地的做法介绍给了欧洲。现在我们到欧洲旅游参观时，会看到有些欧洲城市使用鹅卵石铺地，但我们不要忘记，这个方法来自古代中国。德国有个叫弗莱堡的绿色城市，由于地下水位下降，城市里有几处泉眼枯竭了，不再出泉水了。为了建造绿色城市，20世纪80年代，弗莱堡做了一项地面改造工程，把硬化地面改造成使用鹅卵石或是石块铺砌的透水地面，石块与石块间有缝隙，中间的泥土能吸水。改造后没过几年，泉眼重新喷水了，地下水位回升了，下雨也不内涝，弗莱堡成了一个很受欢迎的绿色城市。

在湖南的岳麓书院里，一些没有被改造过的传统式园林地表也是透水的，并且有着非常美观的透水型铺设。长沙要解决内涝问题，到岳麓书院去看看古人是怎么铺地的，就能找到方法。

中国古人不仅注重铺砌透水地表，还有些设计是不让雨水排走，而是设法将雨水留住，不下雨时，就有可使用的水资源。北京故宫的防洪设计就是实例，其做法体现了两个极高的功能：一是排洪，二是留住水资源。

北京故宫周边有一条护城河，叫筒子河，河深5米，宽52米，周长3840米，形成的体积是99.84万立方米，能够用来蓄水。故宫的地势设计是北高、南低，从北端走到南端有961米的距离，北端比南端高两米，所以，故宫从北到南的坡度为0.2%左右。故宫的面积是72万平方米，筒子河能接纳99.84万立方米的水，故能接纳的降水量接近1400毫米，约为北京年平均降水量的两倍。所以故宫从1420年建成直到现在，从来没有被水淹过的记载。降雨时，雨水首先被故宫的地表吸收，吸收不了的雨水排到筒子河里去，水从故宫的东南角进入筒子河，因为南低。需要水的时候，在故宫西北角的筒子河有一个水闸门，水从那里再放进故宫中去。所以，故宫中内金水河里流淌的水来自筒子河蓄积的雨水。这么高水平的能利用雨水资源的皇宫设计，在几百年前的西方是没有的。比较之中我们可以看到：中国古建筑设计有着极高的环境科学水平。

故宫的防内涝设计处处透出科学性，比如，故宫中用石材筑成大面积宫殿台基的地表都有一定的坡度，这样的地表从不积水也不积尘。而台基的石栏杆底座上均匀地分布着排水石孔，差不多相距一米就有一个孔，孔洞的直径约有 12 厘米，这些孔洞有极好的排水、除尘能力，使台基地表不必清扫就能保持干净。水随孔洞排到台基下的广场地面，就被透水地面吸收了。

在故宫太和殿的南广场，中间一条笔直的窄道是皇帝走的御道，由汉白玉铺成，无透水功能，但此道是拱形的，中间高两边低，呈熊背形。下雨时，雨水会自然流向两边，所以下雨天皇帝走在御道上不会湿鞋。太和殿南广场其他部分的地表由砖铺砌，砖缝能长草，因而能透水，该广场的透水地表比例占了 80% 以上，这与发达国家的研究结论完全相符。到 20 世纪 80 年代，故宫太和殿南广场的透水比例还与古代保持一致，下雨时不会积水。

但是 2011 年 6 月 23 日，北京下了一场暴雨，有网友发照片称"水淹故宫"。这是非常罕见的情况！通过网络上的照片可以看到：故宫太和殿南广场的地面确实有积水，但皇帝的御道露在水面上，这表明古人的设计——熊背形拱形御道，的确能使皇帝即使在下暴雨时也不会湿鞋，这是事实。故宫太和殿南广场被水淹，为什么吸水能力那么好的地面没有透水性了呢？原来，是今人对地面进行了改造。今人扩大了硬化地面的比例，所以下雨时，故宫太和殿南广场地表的吸水能力变弱了，就出现了积水的问题。2011 年夏天，武汉、成都、杭州都发生了城市内涝，长沙也发生内涝，都是设计出了问题，硬化地面比例高了，必然发生城市内涝，也会加重城市雾霾。

2011 年 9 月，我国多个大城市发生严重的内涝问题之后，《中国国家地理》杂志发表了一系列相关文章，其中附有一个直观的图，展示各种类型的地表与降雨损失量的关系，降雨损失量越大表示地表的吸水能力越强。该图显示：草地在 1 小时之内，可以吸收 46.4 毫米的降水量，接近一场大雨的最高降水量（49 毫米）；但是没有长草的土地，吸水量就减少了一半，一小时只能吸收 20.4 毫米的降水量；如果是新铺的硬化沥青路面，一个小时只能吸收 2.8 毫米的降水量，水渗不到地下去，所以城市就内涝了。社区也好、学校也好、单位也好，都该去看看自己的院子里是不是有硬化地面，屋顶的雨水排下来之后，是不是都顺着硬化地面排到马路上去了？如果是这样的话，就必须改，不能把屋顶的水排到马路上去，否则就会增加城市内涝。发达国家改过来了，但不是通过修下水道。修下水道是媒体传递的错误信息。发达国家的做法很简单，就是像古代中国那样，在院子里铺透水地面，建下凹式绿地（也叫下沉式绿地），种耐旱型植物，将屋顶雨水直接引入绿地，绿地吸收不了的雨水才经由模拟自然的沟渠送到周边的水系中，如此就能减少内涝。

看看岳麓书院里古人留下来的设计——雨水直接被地表吸收了。雨水不能往下水道里排，因为现在很多下水道是直通污水管道的，如果雨水进入污水管道，会导致下雨天时污水处理厂瘫痪，因为污水处理厂每天处理污水的能力是有限的，只能处理来自城市各类设施排放的污水，如商业、单位、社区等排出的污水。雨水本来就是干净的，应当直接排到大自然里去，去补充城市的水资源。

如果公路旁有绿化带，公路路面比绿化带高，下雨时，雨水会自动流向绿地，公路上就不会积水。但实际情况是，现在我国许多公路与绿化带之间修了阻隔的道牙石，公路上的雨水只能集中流入雨箅子，排入地下雨水管道中，这容易出大问题。因为很多雨箅子下的雨水管道年久失修，若雨水管壁有裂缝，且管道内淤塞有泥沙、垃圾等，下雨时，大量的雨水进入管道会增大对管壁的压力，使裂缝加大，水从裂缝冲出管道，会冲走管道周边的泥土，最终在管道外围形成一个大空洞，这会造成地面塌陷。为避免发生此类灾害，就应设法让公路上的雨水从多个出口分散地流入路边绿地。进入雨水管道的水量少了，甚至没了，就不会引发雨水管道破裂的问题了。

在公路与绿地之间建凸起道牙石是西方国家发明的，中国古代建筑中没有这样的设计。在过去几十年里，西方国家已发现公路旁建凸起道牙石会使道路积水，因而又把道牙石切出多个排水口，这是简单易行的改进办法。要保障筑有凸起道牙石的公路路面在下大到暴雨时也不积水，道牙石每隔 1 米就应切出一个 12～20 厘米的开口，使降到公路上的雨水能即刻流向公路外地带。

为解决道路积水的问题，我们最好的学习榜样是中国古建筑，我们应学古人的修路办法，因为他们建的路面都是高于植被地带的。学到了这个智慧，现在中国城市的很多环境问题都能顺利解决。中国古代的道路设计水平很高，路面是熊背形，中间高两边低。为什么是熊背而不是虎背呢？因为熊背平缓，坡度小，虎背的脊高，坡度大。

马可·波罗是元朝时到过中国的意大利人，他就发现北京的"道路经过铺砌，高出草场地面，使得雨水不至于淤积路面，而是向两边流去，有助于滋养草木"。岳麓书院铺设的道路也是这样。全中国过去传统的铺路方式是有利于减灾的。雨水流到路边，路边有低凹地带，低凹地带平时是绿地，雨时能接纳降水。低凹地带自然生长的植物一般是亲水植物或水生植物，有净水功能，能够吸附水里的悬浮物质，根系也能吸收水里的氮、磷等营养物质，还能为水增氧。

水岸的设计最好是缓坡形，这有利于多种水生植物与亲水植物在岸边生长。因为不同植物的耐水深度不一样，有些植物在水深超过 10 厘米或 20 厘米处就无法生长了，所以，将岸体设计成缓坡形，能为不同耐水深度的植物提供生长机会。水体的植物越多样，水得到的净化程度就越高。

现在发达国家建排雨水的边沟，不再沿用水泥硬化式，因为硬化的雨水沟易导致污染河湖、引发洪水，还有其他问题。当地表雨水流入硬化的边沟里时，携带着泥沙与污物，这样的浊水在硬化沟中得不到净化，沿沟流入河湖中，就会污染水体。此外，由于硬化的水沟是直线形的，水在沟里流速很快，当水迅速流向下游时，下游的水量突然变大，就会发生洪灾。再有，硬化的水沟阻隔了沟中之水与沟边土壤的接触，土壤吸不到水而干旱，沟旁的植物就长不好。所以，应当对硬化水沟进行改造，要改造成环境友好型的排水沟，即把水泥板去掉，将直线形变成曲线形，把边坡修建得平缓一点，铺上亲水植物。如此一来，当地表径流进入这种曲线形的模拟自然的水沟中时，水流变慢了，水中的泥沙沉降下来，污物被沟中植物净化，待水流到达河湖入口处时，水已清澈了，不再影响河湖的水质。此外，因水沟中的植物根系能吸收很大一部分水量，进入河湖的水量就大大减少了，就不会促发洪灾。同时，沟中之水能充分滋养沟旁的土壤，沟边植物也能生长良好。这就是环境友好型的排水设计。

1996 年美国出版的《环境科学》教科书，就比较了两种水道的设计，其中不利于环境保护的水道就是硬化与直线形的。硬化式的水道除了带来污染河流、引发下游洪灾、造成土壤干旱等问题，还会使雨水资源被迅速排走，无雨时，当地易出现缺水问题。书中介绍的好的设计就是曲线形模拟自然的水道，这种设计能尽量把降水都留在当地，滋润大地，并补充地下水。

如果不学习这些环境科学知识，政府的决策就会出错。1999 年，北京市水利局对北京的一些河道进行了改造，就把原本模拟自然的河道修成了水泥硬化的河道，修好后的第二年，河中就爆发了蓝藻。这是为什么呢？因为河水是有养分的，河道被硬化后，水里无法生长植物，养分不能被吸收，就只有水中的单细胞生物藻类来吸收。藻类有了充足的营养，就大量繁殖，蓝藻就暴发了，整个河水就腥臭了，水也无法使用了。这是北京应当吸取的深刻教训。后来，北京开始实施河道重新自然化工程。建硬化河道花的钱很多，再改造回自然河道花的钱更多，这是非常惨痛的教训，所以政府部门的决策者和设计者们一定要学习新知识，跟上时代的步伐。

水里的植物多了，最好的保护水体生态的做法是让鱼也多起来，让鱼来吃水中的植物。要使水中鱼的种类丰富并能够自然繁衍，河流最好不要建高的水坝，因为水坝不利于鱼洄游产卵。在已建成水坝的地方，要修鱼梯，帮助鱼的洄游。鱼产卵一般都在上游区域，如果游不回去产卵，有些种类就可能消失，这对物种保护与水体生态平衡都极为不利。对于坡形的河道，在河床中与河岸边安放石头，能帮助鱼的洄游。哪怕是一些平流的河段，水中也应该有些石头，这有助于鸟类落脚，吃河中的水生生物。水是往低处流的，土壤的养分随雨水流到水体之中，能被浮游生物利用，浮游生物又被虾、蟹、鱼等吃掉了，氮、磷就到了虾、蟹、鱼身上，鸟吃了这些虾、蟹、鱼，就把水中的氮、磷带到了陆地上，鸟的粪便又成了陆地土壤的肥料。人吃这些虾、蟹、鱼，也是把水里的氮、磷带到陆地上的途径，这是大自然的物质循环。

在人工设计与建造具有自净能力的水体与岸体时，一定要考虑到让水中的生物健康生长。为此，水体与岸体要留出泥地与石缝，石缝是水生生物的栖息处，水草有助于鱼类产卵、繁殖。用石头垒岸时，石块间不能用水泥勾缝，应让水能通过石缝浸润岸边的泥沙，泥沙水分含量饱和，岸体更稳固，不易崩塌。石缝多的堤岸表面积大，有利于净化水质，水中的悬浮物质能沉降到这些缝隙里去。

乱石垒岸，是中国古人发明的做法。这样做除了能增加水岸生物的栖息地、觅食地，还能增加岸体的安全性。大河边上用乱石垒岸能分解水浪对岸体的冲击力，不易冲垮岸堤，哪怕有一块石头松动了，另外一块石头马上就能掉下去填补空处，起到很好的自我修补作用。清朝时，有西方传教士到中国来，看见中国人用乱石垒岸的方法建水岸，他不解其妙，但进行了描述，并介绍给了西方。现在，很多发达国家的水岸——湖岸、河岸、海岸——都采取乱石垒岸的做法。

中国古代的水体设计具有极高的蓄留雨水、净化水质、保护生态、提供景观、保障安全的作用。以清朝建圆明园为例，中国古人的设计与做法是：挖湖堆山。人工挖出一个低地，蓄上雨水之后，就成了人工湖泊，挖出来的土方不外运，而是就地堆成一个小山。山坡周围植上树木，建造的房子背山面水，人就居住在依山傍水的环境之中。在清朝乾隆年间绘制的圆明园四十景图咏之一"濂溪乐处"的写实图中，可以看到：中国古人建造的人工湖泊的岸体都是乱石垒岸，水中种了大量的荷花，可以净水，又能收获莲藕，莲叶下又给鱼类提供了最佳生长场所。这就是当今世界最为推崇的环境友好型的水体设计。

四、利用自然的力量分解垃圾

大自然本身在生长，也在死亡。但是大自然中只要是没有人类活动的地方，都是干净的，这是因为大自然具备自净能力。自然界中所有的生命都处在从新生到死亡的过程之中，我们肉眼能看到的生命其实就是植物和动物，还有一大类生物我们的肉眼看不见，它们叫"微生物"。微生物起到了很重要的净化自然的作用。

学者们经过研究发现，植物其实就像工厂一样，是"生产者"。植物的根系通过吸收土壤里的水分和简单化合物，在阳光的照射下长出叶和果，动物才有食物吃，所以植物这个工厂的产品就是叶和果。食草动物吃了叶和果后，长出肉来，食肉动物才有肉吃，动物是"消费者"，但动物天天都在排泄粪便，死亡后都有尸体，但为什么我们到了森林里、草原上却闻不到臭味呢？这就要感谢微生物了，它们把动物的粪便和尸体都分解成了简单化合物，成为植物的根系能够吸收的养分，让植物又能长出叶和果来。所以，微生物是"分解者"。正是由于生产者、消费者和分解者三类不同的生物发挥作用，大自然就始终处于物质循环状态，既有生产，又有死亡，但十分干净。

大自然还有一个自净作用，就是燃烧。人迹罕至的原始森林，为什么几百年会自行燃烧一次？就是生物质积累多了，病菌也会增多，生物质又包含了大量的能源，燃烧一次彻底烧光后，植物重新发芽，森林开始新生，物种重新平衡，这是一个自我净化的过程。中国五千年的农耕文化，华夏民族能够持续生存下来，为什么呢？因为我们的农耕文化是顺应自然规律的，人们使用的东西都取自大自然。大自然长出来的东西，都能在大自然中分解掉。

中国古人制造的日常用品有几样不能被大自然分解，那就是瓷器、陶器、砖和瓦。瓷器碎了就成为瓷片，陶器破了就成了陶片，还有拆除旧屋产生的砖瓦。但中国古人没有把它们乱扔掉，而是收集起来，建新房时用来铺地、装饰墙体或屋顶。百姓建房时会设法利用这些大自然降解不了的废弃物，国家建皇宫也一样。明朝在北京修建故宫时，产生过大量的废石料，当时怎么处理的呢？这些废石料没有被扔到大自然里，而是被集中运到故宫北面的景山，修建了上景山的石梯与通道。

中国古人没有为后代留下垃圾。垃圾污染是西方工业革命后带来的问题。工厂制造出大自然无法降解的东西，人用完这些东西之后扔给大自然，就会出现垃圾污染。那该怎么办？人类应该向大自然学习，自己生产出的东西，要自己去分解它。如一个玻璃瓶，扔到大自然里，1000年后它还是玻璃瓶，但如果把它回收，送到工厂去粉碎，粉碎后得到的玻璃砂可做人造大理石的原料，也可以再造玻璃，这个玻璃瓶所含的物质就循环起来了，这就叫循环经济。

世界上最早创建循环经济模式的是中国人。1996 年美国出版的《环境科学》教科书上，有一幅插图。图中画的是中国唐朝创建的"桑基鱼塘"模式：中国的农民在家门前挖了一个鱼池，又围绕鱼池种了多棵桑树，桑树的桑叶采来养蚕，蚕的粪便扔到池子里养鱼，鱼的粪便沉到池塘底部，被塘泥中的微生物分解成为肥料，农民定期挖出塘泥来放到桑树下，给桑树施肥。这个农民始终都有蚕茧卖，有鱼肉吃，也有鱼肉卖，但没有垃圾往外扔，这就是无废产业，也就是循环经济。

1957 年北京提出了一种无废式垃圾处理办法，就是垃圾分类收集，分类处理。当时北京的垃圾中，炉灰类占 53%，有机垃圾占 40%，其他废品占 7%。主管北京环卫的政府部门提出：炉灰拿去填坑或铺路，也可制造空心砖等建材；废品就拣出来卖给废品公司，支持国家建设；有机物拿到农村去堆肥。那时北京城市比较小，郊区就是农村，农业生产很需要肥料。北京这么做得到了国家领导的大力支持，变废为宝的做法迅速在全国广泛推行。所以一直到 20 世纪 70 年代，中国的废旧物资回收利用是全世界做得最好的。

《废旧物资的回收利用》一书初版于 20 世纪 70 年代，后多次修改与再版。书中就是介绍日常生活中的废弃物如服装、鞋帽、报纸杂志、日用工具、炊事用具、橡胶、塑料、玻璃制品等的再生利用。破布、旧棉麻可以拿去造纸，橡胶、塑料可做成再生塑料、再生橡胶，玻璃瓶可以做大理石。在 20 世纪 80 年代《废旧物资的回收利用》再版版本中，有这样一组数据："1956—1985 年 30 年间，全国回收各种废旧物资共计 18650 万吨，价值 373 亿元。1983 年，全国有回收网点 20 万个，从业人员 40 万人，加工企业 450 个。30 多年来，利用商业部门回收的废旧物资，为国家节约生产用煤近 2 亿吨，电力 1000 亿度。"用今天的眼光看，这就是低碳经济。

20 世纪 90 年代，德国从中国变废为宝的成功实践中得到了启示，要求国民将家庭废弃物进行分类投放，分生物类（可堆肥废弃物）、塑料类、废纸类等。在德国的生活垃圾中，可堆肥废弃物也占 40% 左右，蚯蚓能吃的废弃物，如果皮、菜渣、咖啡、茶叶、木屑、面包渣、蛋壳、餐纸、花卉、秸秆、树叶、草渣、盆栽植物、毛线和头发，都是可堆肥垃圾，都可以投到堆肥栏里，化作有机肥。堆肥不需要现代化技术，是一种自然发酵的过程，起源于中国古代西汉时期，距今 2000 多年了。

现在，德国城乡居民每家每户都知道垃圾要分开投放，家门前摆放的垃圾桶至少有三种，接纳生物垃圾的桶中只能放蚯蚓能吃的，由堆肥厂来清运。废纸桶中只放报纸杂志和纸包装，由再生纸厂来收。环卫部门只收焚烧类垃圾。而塑料包装类废弃物由每家每户投放在自家设置的黄色大回收袋中，这种大袋子在超市就能买到，买袋子的钱就支持了相关回收产业。袋子装满后，居民按照收集包装废弃物的地点和时间投放，比如，每两周星期四上午 10 点收一次，到时候，居民就把自家的包装废弃物袋放到指定地点，相关的回收企业开车来把包装废弃物拉走。这样，大部分包装废弃物就可以得到回收利用，而不会当作垃圾处理了。

如果家里要装修房屋，产生建筑废弃物，住户要向建筑废弃物清运公司打电话，租一个存放建筑垃圾的容器，装修拆下来的废瓷砖、废瓷盆等都扔到这个容器里，由建筑垃圾清运公司负责运走，当然，这一服务是有偿的。废瓷盆、瓷砖经过粉碎，可以制造垫路的路基颗粒，还能做成园艺盆栽填土需要的基质颗粒，这样一来，建筑废弃物就成了有用的资源。

德国所有城镇都设有废弃物回收中心。这类废弃物回收中心很简单，不需要建房子，就修在铁路或公路便利的地方，比如，在道路旁绿化带中一小片空地上（一百多平方米即可），用铁丝网把空地圈起来，里边设置有大小不同的容器，是需要再生资源的企业把相关容器放到这里来的。容器形状各异、颜色不同，每种容器上都有标志，或容器旁立有标志牌，其上是废弃物的名称与图示，说明容器中接纳哪类废弃物。回收中心的工作人员一般只有一人，他要负责做好这些牌子。居民们到周末就开着车，把家里不能扔进垃圾桶的废弃物送到回收中心来，如玻璃瓶、软木塞、光盘、灯管、电池、旧衣、旧鞋、电器、旧板材、泡沫塑料、塑料布、园林废弃物等，并按照标牌的要求将废弃物分门别类地投进指定容器中。待这些容器放满了，工作人员就打电话给相关企业，由企业负责运走。这类企业从回收中心获得的废弃物原料很干净，通过机械化拆解、粉碎、分选后，就能得到很纯的工业生产原料，如纯铜、纯铝、纯铅、纯海绵泡沫块、纯塑料颗粒等。

美国城镇的回收中心也常设在一片树林地带之中，而且，回收中心旁常有露天堆肥区。堆肥区的地表铺的是碳渣，这有利于雨水下渗，也能避免车辆的轮胎接触泥土。露天堆肥区没有厂房，只有两台机器，一台是粉碎机，另一台是传送带。运到这里的园林废弃物，先经粉碎，然后通过传送带，将粉碎物送到堆肥垛上去。堆肥时，微生物发酵会自然产生热气，不用人工加热，具体的做法是：堆肥垛一层层往上堆，每层含约10厘米粉碎的堆肥物，其上铺土，土中有微生物，土上又加10厘米厚的堆肥物，再盖一层土，如此层层往上，使堆肥垛高达两米以上，所以需要传送带的帮助。经过约两周的自然分解过程，堆肥垛内部会产生高温，温度可达近70℃，这样的高温可杀死病菌、虫卵、杂草种子，随后，堆肥垛内部的温度慢慢开始下降，pH值也由酸性而渐渐趋于中性。3个月后，当堆肥垛内部的温度降至跟环境温度相同，pH值为7时，堆肥物变成了黑色、无臭、带森林泥香的腐殖土，就可以使用了。这种富含肥料的有机土比普通泥土要轻70%，用于屋顶绿化特别好。

至于厕所废弃物的处理，发达国家也有严格的要求。最重要的一点是：厕纸必须与大小便一起冲走。厕纸在水中能降解，不会堵塞管道。由于厕纸上有人的排泄物，可能传播病原体，因此，厕纸绝不能投入垃圾桶中，而是必须投入便池内，与粪便一起，到污水处理厂处理。由于厕纸在水中化解成为纸纤维，非常有利于污水的净化，所以，将厕纸投入便池中才是最环保的做法。真正会堵塞厕所管道的是面巾纸和卫生巾类的棉制品，后者必须包裹好之后，才能投进卫生间的垃圾桶中。在发达国家，卫生间的垃圾桶几乎都是带盖封闭式的，为的就是防止病原体传播。这样的封闭式垃圾桶中套有袋子，里面喷有消毒剂，袋中接纳的厕所垃圾收集后送到垃圾焚烧发电厂处理。这是发达国家对公厕管理的常规要求。在德国，公厕里配有便池刷，人们上完厕所需自己将便池刷净，然后才离开，这样一来，每位如厕的人面对的便池都是干净的，没有裸露的粪便，也没有臭气。

为什么厕纸有助于污水处理？这是因为，厕纸化解成的纸纤维上能大量附着微生物，而且纸纤维还能起到絮凝剂和吸附剂的作用。在污水净化过程中，纸纤维最终沉淀下来，成为污泥的一部分。污泥可定期收集，与餐厨垃圾、畜禽粪便、植物凋落物一起厌氧发酵，产生沼气。此过程可杀死所有的病原体，所获得的沼气含甲烷浓度达到60%，可用来发电，也可将甲烷含量提高到90%以上，制造天然气，液化的天然气可供汽车使用，气态的天然气可进入市政的燃气管道，供民用或工厂使用。由于沼气发酵过程杀灭了病原体，产生的沼渣、沼液都是干净的，可用于城市绿化和有机农业，如此一来，厕所废弃物这个大问题就解决了。

此外，中国的城市以后要建清洁焚烧垃圾发电厂来取代垃圾填埋场，因为有些废弃物如厕所废弃物、医院废弃物等必须烧掉才能消除病原体。但要避免焚烧垃圾产生污染，就不能把含氯塑料、印刷纸张、金属、厨余、园林废弃物、玻璃、灰土、砖瓦等扔到焚烧炉中，因为清洁垃圾焚烧的温度须保持在850℃以上，这样的技术只能在设计科学的垃圾焚烧发电厂中实现，而绝不能使用普通小型焚烧炉。玻璃、灰土、砖瓦等没有热值，进入焚烧炉会影响升温，并产生大量烟尘；厨余、园林废弃物含水量高，会降低焚烧温度，也不能入焚烧炉。为什么要保持高温？因为低温焚烧垃圾易产生二噁英等有害物质。含氯塑料、印刷纸张、金属在焚烧时可能成为生成二噁英等污染物的底物或催化剂，所以，也不能进入焚烧炉，而应当作为再生资源送到工厂回收利用。那么，哪些生活垃圾适合高温焚烧发电呢？主要有食物包装、面巾纸、卫生用品、坚果壳、碎纸屑、餐纸类、朽木板、旧草竹制品、旧抹布类、传染病人用过的床上用品和衣服及过期药物等，这些废弃物的特点是热值高（点火就着），在自然界中不易降解，含有病原体或有机化学成分。将这类废弃物进行高温焚烧处理的好处是：能杀菌、解毒、获得电力，灰渣可制砖。

北京朝阳区高安屯生活垃圾焚烧发电垃圾厂已运行几年了，其烟囱排出来的烟雾是白色的，以水蒸气为主。该厂门口有一个电子显示屏，发布焚烧炉烟气实时监测的数据，显示的数据表明：此厂排放出来的烟雾中所含污染物的浓度很低，都在我国相关标准允许的范围内，甚至在欧盟国家允许的范围内。这表明，我国已有了很好的清洁焚烧生活垃圾的技术。高安屯生活垃圾焚烧发电厂还要定期监测烟气中的二噁英浓度，监测的结果能达到欧盟国家最严格的浓度控制标准，使人们对此生活垃圾焚烧发电的技术不再质疑。高安屯生活垃圾焚烧发电厂所在的位置原先是一个大型生活垃圾填埋场，现在转型成为北京朝阳区的循环经济园，园内已建有制造有机肥的工厂，还要发展建筑垃圾资源化的产业。这样的循环经济园能促进将城市所有的生活垃圾都变成有用的资源。

五、利用自然的力量绿化城市

当今国际上，绿色城市恢复植被的做法是采用人工种植和天然植被相结合的方法，这样做绿化成本较低，景观更丰富多样，且有利于保护城市的生物多样性。城市绿化不能只栽单一的植物品种。单一性的草地和单一性的树林，没有鸟，没有蝴蝶，称为"绿色荒漠"，是国际上绿色城市不再认可的绿化方法。让天然的植被与人工种植的植被能够共同生长，才是最好、最健康的绿化方式。

从 20 世纪 90 年代后期开始，伦敦提倡在城市中建自然公园。修建自然公园的方法很简单，先要挖湖堆山，就像中国古人造园那样。挖成的低地用于收集雨水，挖出来的土方就地堆成一个小山丘。山丘上种当地的耐旱植物，因为丘上土壤含水少。在低地的水塘边，就种亲水与水生植物。由于植物都是乡土品种，环境适应能力强，无需养护就能健康生长，这样的自然公园很快就会植被茂密、物种多样。自然公园里的步行道多使用木屑（碎树枝和树皮）铺就，像森林的地表那样松软、透气、有弹性，孩子们在这样的路面上玩、跑、跳时，即使摔倒了也不会受伤。这样的地表还适合蚯蚓等土壤昆虫穿越路面，这就是生态通道。

自然公园里设置的凳子常用一些倒伏的树干锯成木墩做成，还利用石头在草地上堆砌出烧烤区。为防火灾，烧烤区与灌木和乔木区应保持 5 米以上的距离。为增加自然公园的教育功能，公园里还建有学习室，供市民带孩子到这里来了解有关当地物种和生态保护的知识。这样的自然公园建成后，受到了伦敦市民、学生、家长和社团的热爱，给人们带来了情感、知识、社交、生理等各方面的益处，犯罪率也降低了。所以研究者发现：自然公园能够促进城市和谐文化的建立。

自然公园还教市民培育当地的植物品种，如树苗、花卉、灌木或是药用植物。在这样的苗圃中育成的植株，可以让学生带到学校、社区种植，政府机构、公司企业绿化环境时，也可以到这里来获取当地的植物种苗。

有了自然公园的成功经验后，伦敦开始改造社区过去建的平面公园。平面公园以草地为主，没有遮阴、挡风的功能，人无法坐下来休息。将这类平面绿地改造成为自然公园时，参与者可包括政府部门、研究人员、公共机构、志愿者组织、社区团体、民间基金、热心企业等。改造后的公园面貌很像中国传统园林的布局——有曲径通幽的弯道，园中植被长得较高，形成多个能让游园者安静地坐下来歇息的绿荫处。与一览无余的平面式公园相比，长满绿植的自然公园可容纳的游人量大增。有些公园的面积虽然小，却能满足周边社区上千人的休闲需求。

城市中的自然公园和自然公园之间还应有生态通道，以保证物种交流与生态平衡。因此，伦敦利用城市里一些废弃的、拆迁的、不再使用的铁路等区域，让其恢复天然植被，人工辅助种植一些当地树种，这些区域可将各个自然公园连接起来。

六、利用自己的力量清洁社区

我国城市社区常见的环境问题在许多地方几乎相同，总结起来可归纳为九个方面。

第一是窗台脏乱。居民喜欢在自家窗台上堆放杂物，这对健康很不利。杂物里藏污纳垢，而空气从窗户进入室内，当空气穿过窗户上的杂物堆时，其中积累的尘颗粒会随着空气进到家中，家里的空气就会很脏。而且，窗台上堆杂物还易引发火灾。还有一些旧的社区，楼房的外立面很脏，政府应该要求定期粉刷旧楼。

发达国家有很多上百年的老房子，但房子外立面非常干净，因为市政管理有规定：每七八年，楼房的外立面要粉刷一次，而且窗台上不能堆杂物。在前东德地区，曾有很多破旧的房屋，德国统一后，那些旧房子几乎全都翻新了，每家每户的旧窗户也都全部更换为密闭性好、易保洁的新窗户。改造后的窗户更安全，因为打开窗户通风时，只有窗户的上方与外界相通，窗户下方是封闭的，这能保障小孩不会从窗户摔出去。此外，由于通风口狭窄，外人无法从窗户入室，这种窗户也能防盗。需要清洁窗户时，这种窗户是内开式的，人站在房间内就能轻松擦净窗玻璃，楼层再高，也不用"蜘蛛人"为窗户保洁。可以说，这是目前全世界设计最科学的窗户。这种窗户我国已在生产和销售。

为什么要重视窗户的保洁？因为如果窗户上附着有污渍与尘颗粒，会增加室内外空气中的悬浮颗粒物浓度，影响空气质量和市容，所以一定要定期擦窗户，这在发达国家是保证城市环境质量的强制性要求。在德国，三个月内必须擦一次窗户，如果不做，邻居可能会对你说：你要再不擦窗户的话，我就打电话告诉警察了。

第二是楼道脏乱。有些居民喜欢在楼道里乱堆自家的废弃物，而且从不清理，这就导致公共楼道难保洁，积尘多。居民步行上下楼梯时，都是要深呼吸的，这些脏废弃物表面的尘埃很容易被呼吸到人体中去，所以，在楼道堆废弃物是不道德的做法。楼道是公共空间，绝不容许堆放废弃物，因此，楼道废弃物必须全部清除掉，这也有利于防火。发达国家有规定：居民楼内公共通道的墙面也要定期粉刷，每户房主得为粉刷出份钱，如房租的7%要留作粉刷楼道用，这是每家每户参与维护住房公共楼道卫生的可操作方式。

第三是垃圾污染。中国从欧洲引进了大体积带盖的可移动垃圾桶。这种垃圾桶有三个功能，第一能防老鼠，食物垃圾扔入桶里，因桶体高、形状下小上大、表面光滑，老鼠无法爬入桶中吃食物。食物少，老鼠就不会大量繁殖，就能减少鼠害；第二个功能是桶有盖子，能防苍蝇，也能使垃圾的气味不外溢；第三个功能是桶底有轮子，能帮助环卫工人轻松地将整桶垃圾推到清运车旁，由车上配置的设施清空垃圾桶，再由环卫工人将垃圾桶推回原处。如果垃圾桶破损了，盖子没了，轮子毁了，这三种功能就都丧失了，社区就会出现垃圾管理不善的问题，居民就会抱怨。为了让垃圾桶易保持关闭状态，可以选择脚踏式开盖的垃圾桶，居民投放垃圾时，脚一踏盖子就打开了，人一走，桶盖自动闭合。垃圾桶保持干净、清运方便，环卫工人工作起来就有尊严，最重要的是这样能保护他们的健康。在德国，有些社区为放置垃圾桶的地点修建了栅栏，不让小孩进去，还为方便居民投放包装废弃物安放了大容量网箱。这样一来，居民家中的包装废弃物袋装满了，就可以送到这里来，投入网箱中，等待回收包装废弃物的企业来车清运。

第四是餐馆油烟问题。对于社区居民抱怨的油烟扰民的餐馆，社区一定要管，要检查是哪些餐馆在排放油烟。如果没有合格的烟气净化装置，餐馆的厨房窗户或简易烟筒上会有大量的油污，这样的餐馆就是不合格的。对这类餐馆，必须要求停业改造，改造后，要进行排放检查，验收合格才能重新开业。

第五是社区道路下雨积水的问题。有些社区入口或其他室外的路面被硬化了，一到下雨天地面就积水。把这样的地面改用透水砖铺设，就能减少地面积水，使居民在下雨天出行时不再受困。在德国，有些社区在居民楼周边的绿地中建有较宽的植草沟，不降雨时是绿地，有降雨时，路面的雨水能自行流向植草沟，被沟中的草根吸收入土。土壤吸水饱和之后，雨水才顺着植草沟的走向流到社区以外的河湖中去，实现了防涝，也留住了部分雨水资源。

第六个问题是社区居民抱怨停车难。其实，社区绿地的树林地带中常有一些空地，空地上植物长不起来，因为树冠太密，把阳光吸收了，树下的植物得不到阳光，无法进行光合作用，就长不起来。因此，不妨把这些树荫下的空地利用起来，给地表铺上一层砾石，就能成为树荫停车场，也可使用孔型砖铺地，多孔的地表能吸收雨水，保障土壤的透气性，故不影响树林的健康生长。把车停在树林中还有一个好处，那就是树荫能遮挡阳光对车身的辐射，夏季时保持车体凉快。从天上往下看，这是一片树林，但是从地面看，这是一个停车场，一地就能两用。

第七个问题是社区封闭，影响通行。在汽车时代，建封闭式社区是不对的。封闭式社区要求汽车从指定的门进出，就使得汽车要在社区中绕路，这会增加社区道路的事故率，也会增多汽车尾气在社区中的排放。发达国家和地区多提倡建开放式社区，居民楼之间的机动车道与社区外的街道直接相通。窄的机动车道可作为单行道使用，但也要与外界道路相通。这能方便驾车人选择最短的路径到达自己的住所，有助于减少道路拥堵，也能减少城市总体的汽车尾气排放。

第八是市场脏乱。说到市场脏乱，我们总认为露天农贸市场是脏的，花园城市广场是美的。但发达国家往往在花园城市广场周边开设露天农贸市场。因为市民到花园广场溜达、休闲之后，要回家时，能就近购买蔬菜、水果或其他东西，很便民。只要城市管理方法得当，露天农贸市场照样可以干净、美丽、有特色景致。

在发达国家也有贴小广告的，如市民有房间要出租，或是有旧电器要卖，需要拼车等，都有贴小广告的需求。所以，政府允许在车站、超市门口、学校食堂、社区地带设立广告粘贴栏，这样一来，就不会有人在墙上、地上、电线杆上到处乱贴小广告了。

第九，绿地荒芜。我们有些社区里很多地方是荒芜的，种什么都种不活，为什么呢？因为植物对光照是敏感的，有些植物喜光，有些植物耐阴，而且社区各个角落的光照、风力、土质是不一样的，不能不考虑实际就都种一样的植物。其实社区可以将绿地分给社区居民栽种，他们能种出非常美丽而多样的花、树、草来，社区绿化也就自然做好了。

德国从20世纪二三十年代开始，就让家庭主妇自己绿化家门前的空地，以此来美化城市。现在，德国居民在家门前种的植物更多样，甚至还有种草药的。

让百姓栽花种树，是中国古代城市管理的一个基本要求。中国古代没有园林局，但每个城市都是绿色的，每个院子都是鸟语花香的，这表明：在古代，中国人就有栽树种花的生活习惯。以元朝在北京建都为例，元朝建都时修了胡同与四合院，当有人买了一个院子，就被要求在门口种一棵槐树，在院子里种一棵枣树。枣树可以遮阴抗旱，每年收获以后，枣子晒干了可以抗饥饿，这就是极好的可持续生存方式。北京老百姓在门前种树的习惯一直延续到了清朝晚期。

20世纪20年代，有位美国人到了中国，在北京住了两年多时间，他还游览了中国其他省份。回国后，他写了一本名为《漫步中国》的书，在书中他写道："北京的冬天和夏天天高云淡……即使在冬天刮起刺骨的北风……只要能瞥上一眼北京清澄澄的天空，亦是一种莫大的心灵慰藉。"

为什么他那么喜欢北京的天空，因为 20 世纪 20 年代时，欧美国家的天空一片污浊，雾霾天气很多，而当时的北京却没有这种状况。这个美国人对当时的北京城做了这样的描述："不久前春天的一个阳光明媚的星期天，我绕着城墙逛了一圈，墙下是绿树掩映下的城区。……平民百姓的住宅……院内树木扶疏，花草茂盛，整个北京城从高处望去绿荫如盖，有赏心悦目之感。"这就是古代中国为什么那么宜居的原因。

长沙要创造宜居环境，可以去岳麓书院看看，看看古人在书院里是怎样种树的，有些小的天井都长着高大的树，而且树的种类还特别多，这对长沙创造有当地特色的宜居环境是一个非常重要的参考。

只有继承中国古人热爱自然、与自然和谐相处的情感和智慧，我们的城市才能真正回归绿色和宜居。

智能家居与助老、助残机器人技术

赵晓光[1]

最近几年，智能家居、机器人以及与它们相关的可穿戴设备特别流行，这些技术在生活当中会给我们带来什么？又会为我们今后的生活带来什么呢？尤其在中国目前老龄化非常严重的情况之下，它们能为我们今后养老、助老带来哪些便利、便捷呢？

服务机器人涵盖的范围比较广，助老助残是其中特别重要的一部分，今天我就给大家讲讲智能家居与助老、助残机器人技术。

首先来谈谈智能家居的概念。我们每个人都有一个家，家里所有的东西我们都非常熟悉。智能家居这个概念其实也不是很新，差不多30年前就已经存在。但智能家居到底是什么呢？举个例子，如果我们的家是一栋比较豪华的别墅，也许我们都会希望家中有一个智能系统，一个计算机系统，能帮我们把它管理起来。其实，智能家居最初被提出来的时候，并不是给我们居家用的，它是从智能城市、智能小区、智能楼宇演变过来的。就像我们现在的会议室，有很多窗、很多灯，如果每个窗、每个灯都需要亲手控制的话，一是劳动量比较大，二是有很多照顾不周的地方，因此，许多大楼、楼宇很早就有了智能化的控制。这些年，我们国家又提出了智能城市。特别值得注意的是，长沙就是一个城市智能化很高的地方，无论

● 作者简介：赵晓光，中国科学院自动化研究所研究员，博士生导师。中国人工智能学会智能机器人专委会委员，IEEE 会员。致力于自动控制理论与应用、智能机器人等领域的研究与实践应用工作，在国内外学术期刊和会议上公开发表学术论文近百篇，授权发明专利30余项。

从环境上，从夜晚的节能灯照明上，还是从建筑的节能和建筑设计上，都体现出了智能化。家是我们与家人共处的地方，我们每天都要在里面待很长时间。所以，可能每个人的心目中都对智能家居有一个概念，或者有一个愿望，希望有一个能把我们的家做成理想样子的智能的东西。

家里的东西无非有几大类。第一类是电器，电视、冰箱、电饭锅等，这类电器与我们的生活息息相关，被我们称为白色家电。第二类是空调。第三类就是窗帘、照明灯、门等。再有就是我们的家具——床、桌椅、板凳等。那么，这些东西中哪些是智能的呢？

一提到智能家居，就要说说电动窗帘。早在二十几年前，就有人把窗帘做成电动的，用遥控器一按就可以拉开窗帘，所以，这就是智能家居的一部分。另外，还有电视机，现在还有网络电视，可以跟网络相连，跟家里的服务器相连，直接变成智能化，想看什么节目，想什么时候看，随时都能看。

现在还有一个概念——智能冰箱。冰箱里还有多少肉、多少蛋、多少饮料，我取走一个，冰箱里就会减一个，我放一个，冰箱里会加一个，它会随时提示我们应该去采购东西，提醒我们把快过期的东西尽快用掉。还有就是空调，在炎热的夏天，空调必不可少，寒冷的冬天，也需要空调制热，给我们保暖，这是我们家里耗能最大的物件。现在很多空调都已经是绿色节能的，叫变频空调，能够起到节能的作用。如果我们在家居设计上把空调做得更智能化一些，在我们离开家的时候自动关闭，在回到家之前让它自动冷房或暖房，那就能给人更好的体验。另外，还有人希望空调能自己感应主人是否处于睡眠状态，并在主人入睡一个小时后，自动关掉，换成新风系统。现在空调有了睡眠模式，也就有了这些功能。

这些单点技术在过去20年里都发展成比较好的独立技术。现在智能家居的目标是把单点技术组合起来，通过有线网络或者是无线网络让家里的硬件设备组合起来，起到更好的作用。例如，夏天如果把温度调到25度，到了晚上这样睡可能会不舒服，而且门窗紧闭不透气，那么就希望有一个传感器，当它检测到房间里的空气不太新鲜时，可以自动把窗打开，通风换气，过一段时间后，再把窗户关闭，为主人提供一个舒适宜居的环境。

智能家居有几个系统部分，有照明系统，有家里的视频系统，有各种电器的控制系统，还有一个重要的安保系统——当我们离开家的时候，应该有人为我们看护这个家，看看有没有小偷或者坏人来，为我们看护煤气水电，看看有没有煤气泄漏、有没有漏水、有没有火灾之类的意外事故发生。

刚刚讲了这么多智能家居，涵盖了家里这些设备如何能让它更加贴心地为人们服务。实际上，智能家居这些年之所以突然间出现爆发性的发展，之所以这么容易地把它组合起来，原因就是物联网的发展。物联网最大的特点就是把物和物连接在网上。现在有很多网络把计算机连在网络上，成为一个计算机网络，而家里的电器、窗帘、影视系统、安保系统这些物也可以联结在一起组成网络，并由人来控制——这就是物联网。由于物联网技术的大力发展，边界也在逐渐降低，所以使智能家居在这些年里，尤其在我们国家也有了非常好的发展。连接的设备包括视频设备、照明、窗帘，也包括电表、水表自动的抄表系统。而它的主要目的就是把这些设备连接在一起，通过遥控的方式，通过手机、远程网络达到控制、参数设定，在我们希望它工作的时候能够为我们提供工作，即我们设定工作模式的时候能够为我们自动提供环境检测，提供整个家居环境的专属功能的升级。

就目前而言，不一定每个家庭都能有智能系统。我本人虽然是做智能家居研究的，但我家一件智能的东西都没有，还是与大多数普通家庭一样——尽管我知道智能家居和普通家居相比有很多优势，能给我们带来不一样的享受，在我需要的时候，在我不想或不便动手的时候，为我很贴心地营造出非常浪漫、温馨的气氛，能够帮助我营造一个非常舒适的环境。那么，为什么我的家里没有智能系统呢？因为我感觉自己还不需要用那么多智能的东西来帮助我。

而这，正是我想说的主题的延伸：智能家居对于正常、健全的人来说是一种生活的体验和生活质量的提高，而对于老年人，对于生活不便利、不便捷的人，对于需要帮助的人来说，它能提供很多帮助。跟普通家庭相比，它有一个中央管理系统，即刚才提到的计算机管理系统，把家里的物品放在网上进行控制，主要作用就是优化我们的生活，并为我们安排时间，自动提醒我们起床、睡觉、上班、吃饭，帮助我们把空调控制在最节能的状态，帮助我们节能，帮助我们省钱。

买房的时候经常看到两室两厅的房子，这是常见的一种格局形式。如果我们把它做成智能的话，那么有四大功能是必不可少的。第一个就是智能灯光的控制——什么时候希望灯光亮起来，什么时候希望灯光暗起来。如果我要开一个 party，希望灯光有变化；如果吃烛光晚餐，希望灯光有模拟烛光的功能。灯光是智能家居控制里面必不可少的一大块。

第二个就是中央音乐系统。背景音乐系统实际上是从宾馆、智能楼宇来的，它是为我们提高生活质量设计的。比如我们希望在做饭时有优美的音乐相伴，希望在做某些事之前有轻松的音乐来放松精神。所以，背景音乐系统是智能家居系统里面一个可选可增值的部分，不过，并不是每个人都需要，它只是增值的部分。

第三个就是窗帘。每个家庭的照明都依靠窗帘，窗帘的智能化已经成为一个必要的组成系统，什么时候拉上窗帘，什么时候拉下窗帘，都能智能控制。比如，如果我要看家庭影院系统，那就要在家庭影院系统的房间里把厚窗帘拉上，做一个光线的控制。

第四个是无线连接。使用智能家居系统就是不希望家里有太多的线，因为有线很麻烦，而且要重新设计，并且控制起来也都是线拖着线跑，非常不方便，所以移动 Wi-Fi、无线 Wi-Fi 控制方式为我们智能家居提供了非常大的扩展空间，并且可以随时改造我们的家，为我们在家里增加一些智能环节提供非常便利的条件。

一般在两室两厅的环境里，智能系统具有以上功能。而在一个拥有楼上楼下的豪华别墅里，也是一样需要四大功能，除此之外，还需要一个安保系统，看看家里的环境有没有外人入侵、有没有危害、有没有意外事故。所以，无论是什么样的环境，无论是一室一厅、两室一厅，还是豪华别墅，对智能家居的基本要求都是一致的。

我们再来看看智能家居的组成。我们在每个点上可能都会使用智能环节，用智能的传感器、智能的感应器。所有的传感器和感应器都能通过电话、手机，通过物联网连接在一起，连接在家庭的服务器上。家庭的服务器有一个控制功能，就是对我们所有的点进行控制。如果这个家是封闭的，只有内部控制，那它就缺少一个重要的环节——与外部交互的环节。

所以，服务器一定要有一个出口跟外部交互，而这个出口就是我们的网络交换器，我们可以通过互联网、手机、有线电话从内部搜集信息，把信息传播到外面去，与我们的亲朋好友联络，与外面的世界联系。如此一来，这个家庭就变成了网络上的节点，融入世界中去。

智能家居系统分为八大子系统，有家居布线、家庭网络系统等。其中有三部分是每个智能家居系统里都不可或缺的：中央控制系统、照明控制系统和家庭安防系统。作为一个最小实现的智能家居系统，如果有这三项功能，我们可以称之为智能家居系统。其他的系统，像背景音乐、家庭影院、视听感受、家庭环境控制系统，这些都是可选的增值部分。

所谓家庭环境控制，就是控制我们家里的温度、湿度，控制家里的门窗、开关，控制照明的大小，这些都是我们可选的。至于其他的系统，有的住宅可能设置了家庭影院，有的可能只有电视、VCD 和音响。

家庭布线系统、家庭网络系统是把元器件联结在一起的网络的物理存在。家庭网络系统和布线系统实际上是智能家居系统里面一定要涵盖的，这个系统可大可小，那么，我们怎么来设计呢？前面说过，中央控制系统、照明系统和家庭安防系统这三个系统是必不可少的，对于我们普通家庭来讲也是容易实现的，我们只要有一个家庭网络服务器，让家里所有的电器能够上网，能接到家庭服务器上，就可以变成智能电器。现在有了网络电视，有上网功能的冰箱、空调、DVD，我们可以把家里的电器都设置在服务器上，包括帮我们做饭的电饭煲也可以上网，这样，我们就能实现远程控制。

普通家庭里的灯不能上网，没有办法进行远程控制，如果要控制，就需要重新布线、重新安装。现在有很多智能灯泡、智能开关，能方便地把这些东西变成能够远程控制的、能够随心所欲地让它们发挥作用的元器件。

家庭安防系统其实是每个家庭都需要的。我们出门时把门关上后，就需要启动安防系统。最简单的是把摄像头放在家门口，用手机远程登录，看看谁在敲门，是熟人还是陌生人。如果是陌生人，就跟物业联络，了解他（她）在家门口干什么。如果是朋友亲戚，则可以用远程遥控，把门打开，请他（她）到房间里等待。这就是安防系统给我们提供服务的最典型例子。

家庭无线系统，是能够把所有的设备连在一起，支持语音、视觉、多媒体、自动化等所有的应用放在一起的智能化系统。

住宅里面也有布线系统，在我看来，布线系统应该是重新布置很多线，而现在的电力线载波技术可以大大减少这个工作量。这种技术已有 20 多年的历史，如果我们家里的照明灯、电线都已经有了网络，如果我们可以在 220 伏的电力线上，把控制信号载到无线上去，那么我们的家里就有了一套控制网络，那就没有必要再来部署一套系统。所以现在我们的电力线载波系统在智能家具中也有很好的应用和发展。我们国家应用电力线载波系统有一点点困难，我们的干扰太多，噪声太多，杂质太多，在将信号载上去时，如果信号不够强，那它就会淹没在这些杂质和噪声里，而这便是我们需要攻克的主要技术难题。只要攻克了这些难题，我们所有的适配系统分配的供电网络，就能为我们架起有物理实质的网络，我们就可以把很多信号载在电力线上，包括现在有线电视信号、网络信号、各种通知、各种需要。我们了解的信号，都可以通过无处不在的电力网络，到达我们想要发送到的地方。所以，电力线载波技术，在智能家居、智能城市、智慧城市，或者说在智能楼宇里面，是特别有发展前景的技术，是与家庭布线系统密切联络的。

我们的家居安防系统主要包括六大部分。一是门的开关：门是不是被恶意地打开或用暴力打开，是不是正常关闭。二是紧急求助、求救：如果家里有老人、病人或孩子，出现问题时如何求助，向谁求助，信号如何发送出去。第三，烟雾检测：有没有火灾，尤其是家里有老人，检测重点是厨房，如果老人把锅烧煳了，必定有烟、有异味，烟雾检测系统就会报警。第四，燃气检测：燃气泄漏时有发生，燃气检测系统可以检测燃气是不是泄漏。第五，红外微波探测：主要是探测我们房屋的门窗外面是不是有不应该出现的人，是不是有人进来了，如果有人进来了摄像头要启动工作，看看这个人是谁。第六，报警系统：门窗的玻璃是不是被暴力击碎，击碎了之后要报警。不管是谁，打破玻璃进来的话，都要报警，由主人来看，由安保部门来看，判断他是不是应该进来，判断情况是不是正常。

以上都是控制系统，控制系统控制的内容就包括刚才所说的要实现的功能：灯光、窗帘、AV 控制、温度控制、安防控制。控制的方式也不一样。比如，智能开关安装在墙上，普通开关需要用手按下，但现在已经有很多先进的技术，利用触摸屏、触摸板、红外遥控、移动感应来控制开关。什么是移动感应？移动感应就是红外移感，只要我们的手一动，它就能检测到。有些互动游戏机就是利用红外系统感受我们的姿态、感知我们的手势，作为一个命令输入，从而操控游戏，这样就不需要传统的鼠标按键盘，使用起来非常方便。此外，还有电话遥控、定时控制、通过网络登录或者手机信号控制等，总之，控制的方式多种多样。

控制系统主要有以下五个特点。

第一，可以灵活构建。控制系统有三大核心功能，只要能确保这三个功能实现，在智能家居上就能算上最佳实践系统了。

第二，管理非常便捷，控制方式很多。可以通过手机、平板电脑，还有触摸屏和网络来控制。

第三，场景控制功能丰富。我们日常生活中有哪些模式？上班了，家里没有人，有离家模式；下班要回家了，有回家模式；下雨了，要关窗、收衣物，有下雨模式；要开生日聚会，有聚会模式；想看电影，有影视模式。这些模式体现出控制器功能和控制器特点。所以在智能家居里，一个控制器的功能是不是完备，是不是能给人更贴心的服务，很多情况下是体现在这个模式的设定上。也就是说，我们为人想得更周到，控制器就能够为人提供更贴心、更周到的服务，控制器的功能就越强。

第四，信息资源共享。我们会遇到各种各样的信息，与我们最相关的就是温度、湿度、空气的纯净度等，控制器收集这些信息后，就会控制我们的空调、加湿器、门窗、新风系统等，整个环境信息的综合系统是给人提供更宜居的基础。

第五，安装、调试方便。房子建成后，我们便希望房屋内所有的控制软件都能即插即用，用最小的工程、最小的工作量把我们的家居改装成智能家居，让我们家里的设备设施智能化。

接下来说说监控系统。监控系统最主要的就是视觉，就是看，用什么看呢？用 iPad 看，用手机看，用计算机看。看我们房子周围的环境，看家里的环境，看老人是不是在正常地生活，看孩子需不需要看护，看家里各种电器是否工作正常，尤其是厨房，有没有明火，有没有自来水的泄漏。这些都需要安防系统。设置好安防控制系统命令后，系统就会定时向我们发送信息，居家主人也可以主动登录系统，查看家中情况。对于独居老人、空巢老人来说，安防系统的作用特别大，儿女或其他亲属可以定期或不定期地查看家里情况，了解老人的状况。

　　智能家居的控制方式这么多，主要的功能包括哪些呢？首先是智能灯光的控制。也许有人会说，我们在自己家里，天黑了开灯就好，灯光还有哪些特别的控制吗？其实，灯光对我们来讲特别重要，比如，我们夜里可能要去洗手间，一般人会在床边放一个特别方便的小灯，起来时将灯打开，照亮房间，再去洗手间，然后回来睡觉。这种时候，如果灯光太强，就会刺激眼睛，神经系统会出现应急反应，再回来就睡不着了。所以，晚上的灯光特别重要。除此以外，写字、看电视、做精细工作的时候，照明的强度都不一样，所以，智能家居要设定各种不同亮度的场景，为我们设定各种不同亮度的灯光。

　　关于灯光，除了开关外，还有一个值得一提的，便是可调节的智能灯泡。什么是智能灯泡呢？它是如何进行调节的呢？如今，我们的生活条件越来越好，到了节假日，可以在自己的窗口，或者别墅外墙、房檐上挂上许多彩灯，而我们的灯光控制系统能够让彩灯梦幻般地变换各种颜色，看起来非常漂亮，让人心情愉悦。

　　另外，还有智能电器控制系统。刚才讲了很多电器，这些电器目前大部分都没有上网功能，比如家里的电饭煲。如果我们希望电饭煲具有智能功能，就需要它能够连上网络。现在的电饭煲有定时功能，我们早上出门前，把米饭准备好，启用定时功能，让它 16：00 开始做饭，18：00 做好。但如果我们早上定好时间，出门上班后，突然出现情况，不能回家吃晚饭了，这个时候，如果电饭煲没有远程功能，那么我们就无法取消它的工作，它会继续把饭做好。但如果它有远程操作功能，那么我们就随时可以设定命令、取消命令，实现灵活控制。

　　也许有人会想，我希望电饭煲给我做饭，可我早上还要洗米，还得把米放好，谁能帮我做这个事呢？现在有烹调机器人、做饭机器人，也有人尝试了家里的自动烹饪系统，这个系统可以帮助我们把米放好，按照设定的米与水量的比例，把水接好，再自动把米和水放到锅里，然后开始做饭。我说的这个过程，大家一定会想需要辅助的设备，需要原材料的添加，需要定期的检查，需要人为地设定很多东西，如果我们需要在家里有这样的设备，那么技术上是完全可以达到的。很多军营、学校以及大型的食堂已经用上了这样的烹调烹饪智能机器人。我们负责清洁和配比原材料，机器人负责定时烹调，完成做饭的任务。虽然在我们家里，也许现在还不需要机器人为我们服务，但也许有朝一日，也许在养老社区，在有很多老年人集中生活的地方就需要有这样的系统来控制电器。家里的电器多种多样，饮水机反复烧开的水对人体是有害的，它的营养成分也损失很大，所以，如果能将饮水机连接智能控制网络，那就能避免反复烧开，为人们提供更好的饮水质量。

此外，还有智能视频共享系统。我个人觉得这是比较实用的系统，我家里有各种各样的视频，大一点的孩子在电脑上看，老年人用电视，中年人有他自己的小电视，或者是客厅里的电视。如果一家人都有了共享的数据库，那么一家人都能够在视频库上、在资源库上寻找自己想要的东西，并且可以随意地在客厅里看电视。在有智能控制系统的情况下，如果客厅里有其他情况不便于我看电视，那么我可以换到卧室，但原来的视频资源还在，我回到卧室后，依然可以通过无缝连接去看我喜欢的节目。所以，视频共享系统是我们日常生活中特别实用的一个功能。

对讲系统。包括门外门内的对讲，还有各个方位之间的对讲，呼唤服务员、呼唤房主的对讲。这是智能家居中的一个辅助设施。

家庭影院系统。这个系统与智能视频共享系统不太一样，它是比较私人的感受。比如，我不想在几十人的大厅里看电影，我想拥有一个私人电影院，需要我的居住环境提供这样的条件，让我像在公共电影院里那样，感受到完美的音响及其他各种各样的享受。我相信，随着经济和社会的发展，有朝一日，每个家庭都能拥有这样的环境。家庭影院系统可以给我们提供非常完备的功能，窗帘、灯光、音响全都可以联动控制，如果我们把座椅做成 3D 的，就相当于在 4D 电影院一样，享受更高级的家庭影院感受。

那么，智能家居又是依靠什么来实现的呢？目前比较成熟的几个主要部件在市场上都可以见到，并不贵。如智能灯光开关和智能场景开关。伯尼威尔的一款智能开关正面有触摸屏，背面是接线，接线很简单，接到灯下，底下是两个电源线——火线和地线，接上以后就可以做到家庭灯光的联动，可以是两组灯光联动，也可以是四组灯光联动，这种开关在一般家庭也很容易接好，用普通的照明电路就能够实现智能控制。

而智能场景开关则可以控制不同的场景，如睡眠场景、回家场景、party 场景等。场景开关与灯光开关相似，后者也是接灯光、接音响、接窗帘，能把我的电器接在一块，进行场景的控制，只要将这些元器件连接到智能主机上就可以。智能主机上有一个智能的、相当于计算机的 CPU，它可以把信号放在一起，进行综合控制。怎么控制呢？人可以设定命令，设定场景，如睡眠时哪些灯光亮，半夜去洗手间时又是哪些灯光亮，开 party 的时候灯光设定成什么样，这一切都可以由人来设定，计算机只负责执行。

还有智能窗帘。智能窗帘有驱动系统，装在窗帘盒子内，接收我们的遥控信号，接收智能家庭服务器发给它的命令。窗帘开关可以按照家庭服务器的定时、按照主人设定的场景，在主人起床时拉开窗帘、睡眠时收起窗帘，一切都会按照主人设定的要求来做，这是一个必备的智能家居里调节光线的部件。

另外，还有报警系统。报警系统里有很多传感器，可以为房子报警。这其中就有煤气传感器，是厨房里的必备设备；有被动红外探头，是放在门口的，红外探头是感受体温的，一旦有人接近就会有反应，给主人报警；有门磁感应，可以感应门是不是开着、是不是被暴力打开；有窗用主动红外护栏，它可以感知窗户是不是被暴力打开、被撬开，是不是有人接近窗户或在窗外徘徊，这是窗户的安防系统。报警控制系统还有一个主机，接到报警后它会将信息发送给主人，如果主人是离家模式，它就会将报警信号通过网络发送到主人的手机上。此外，还有烟雾传感器，这是每个房间都需要的。公共场所有很多烟雾传感器，百姓家里也一样需要。如果出现状况，报警系统不仅会将信息发给主人，也会发给物业和安保人员，即便主人不在家，也能为主人提供防盗报警的应急处理。

除了这些之外，还有照明系统。照明系统有一个关键的物件，那就是灯泡。如有一款飞利浦的智能灯泡，它的外面是 LED 灯，中间是控制板，其中，控制板有蓝牙功能，能够接受蓝牙信号，而它的后面则是电源模块。可见，这么小小的灯泡里也可以包含那么多高科技成分，有芯片，有通信，而这样的灯泡还能够在控制主机的控制之下，调节光亮度和颜色。

还有一种智能灯光的体验系统，可以在 iPhone 上做体验，包含三个彩色灯泡以及无线通信的无线 Wi-Fi 的设备。可以把灯泡放在家里的不同位置，然后在手机上调节它的亮度和颜色。如果觉得颜色不好，可以直接在 iPhone 上找一个图像，然后取得它的颜色，而灯泡就会根据取的颜色变换成这一种颜色。这种东西目前只能在 iPhone 店里买到，价格是 199 美元，并不便宜。我们国内也有一些发烧友、爱好者来体验这款东西，国内也有很多厂家在做类似功能的系统，价格要便宜许多。

现在我们看到的智能家居产品，这些元器件和部件，大部分比较好的、比较高端的都是国外厂家生产的。为什么他们肯在这方面下那么大的功夫？因为智能家居是今后产业发展和经济发展的大方向。国内各个地方都有专业的智能家居企业为我们制作智能家居系统，改造家居系统。

介绍了这么多家居系统，这些真的是我们生活中所需要的吗？它们可以给我们什么样的感受呢？我们不妨通过一个短片来感受一下。

早晨 7 点，窗帘已经打开，灯光已经亮了，热水器开始烧水，而当我起床时，热水器的温度刚好可以让我洗个澡。8 点，我准备上班，上班时启动了离家模式，所有的灯光开始变暗，并在我离开 5 分钟之后全部关闭，空调也会关闭，窗帘将会打开，家里所有不应该工作的电器全都会关闭。如果是在冬天，则可以打开最低温度控制，保证房屋里的设备不冻坏，空调也降到最低温度，或者直接关闭。我出门后，这一天家里所有的东西都由安防系统管理，我在上班之余若是想看看家里的状况，可以用手机或电脑登录系统，查看家里是什么样的。到了晚上，女儿放学了，她要看电视，可我希望她只看半个小时，那么，我就可以在智能家居系统上，把儿童视频系统设定为半个小时，半个小时之后它就会自动关闭。而在我自己需要的系统里，我想在车库门口放什么样的灯光、什么样的感应，全都可以实现。在我睡觉的时候，卧室里的灯光会调暗；我在睡觉之前可以看一下书，到 11 点时，所有的灯光就会关闭，告诉我该睡觉了，于是我就去睡觉。空调在我睡觉的这段时间里，自动调到适合的温度，或者关闭。另外，还有一个起夜模式，晚上，当我起来的时候，感应开关便能感应到，于是通向卫生间的所有灯光就会亮起，但是亮度只有正常的40%，以便给我一个非常柔和的环境，不会打消我的睡意；而卫生间里有一个轻柔的背景音乐。如果我在外面时家里起了火，或者有异常的侵入，系统都会给我报警。在我度假的时候，无论我走到哪里，都可以通过网络查看我家里的情况，并且可以在每天晚上下班的时间通过网络把我的家设定成有人模式，外人不会发现我家里长时间没有人。出差旅行的时候，会给家里留一盏灯，告诉别人家里有人，会拉上窗帘。如果有智能家居的话，可以事先定时设好，每天晚上6点到10点变成有人模式，10点以后变成睡眠模式，与我在家的时候一样，外人不知道我离家了，也就没有可乘之机。

智能家居有各种各样的设备，这些设备应该有统一的标准。1979年，美国斯坦福研究所就做了相关的研究，确定了一个标准，这个标准叫作家庭自动化系统与通信标准，也叫家庭总线系统标准，HBS（Home Bus System）。这个标准包括三个条件，能满足这三个条件，就符合智能家居的定义。

第一，要具有家庭总线系统。

第二，能通过家庭总线系统提供各种服务功能。

第三，能与住宅以外的外部世界相连接，无论哪里都能够相连。

这个标准为我们界定了智能家居的基本配置和基本功能。在这个基本的功能里有一个非常重要的部分，家庭服务器，我们叫作 home server，所有的功能都是在家庭服务器上完成的。所以家庭服务器就是智能家居的大脑。在我们要实现智能家居的时候，要对我们的住宅设想的时候，要想得比较充分的话，会有11个设计点要考虑，在这11个设计点上体现我们的智能化。

①入户门。入户门要更改，以确定来访者是客人还是主人；按响门铃之后灯光如何开启；入户以后设定的点要有监控摄像机，能查看出入家中的人员。这与现在的智能楼宇有点像，很多智能楼宇都有这样的功能。

②客厅。客厅是我们生活中最常用的地方，我们在客厅里有很多活动，所以客厅里的设计很多，不同的模式下有不同的灯光和不同的背景。

如回家模式、party 模式、离家模式等，这些都可以体现在客厅里。因为客厅是进入家之后第一个进的地方，也是出家门前最后一个待的地方，所以，所有的模式应该在客厅里能够设置、控制。

③车库。在别墅区都有车库，以后每家都有车库。车库也是一样，进入车库时，车库门、车库里的灯光都可以自动打开。另外，还可以设置停车位，设置停车时间，什么时候回来，什么时候走，都应该有一个很好的设计。并且要有很好的安防系统，确保车库不出现意外。

④餐厅的公共区域。我们吃早餐、喝茶的时候，这些地方应该有什么样的功能呢？可以有背景音乐。餐厅是吃饭的地方，就要考虑到吃饭的氛围，聚会、家庭用餐、特别纪念日的纪念晚餐，不同的情况下需要有不同的灯光和不同的背景相渲染。

⑤无线的按键系统。这个系统能够呼叫，能叫家里人过来一起用餐，一块享受，能叫保姆过来做一些工作。这属于公共系统。

⑥情景模式。这个模式应尽量多地考虑用户的需求，可以设计各种各样的情景模式，为使用者提供更好的体验。

⑦自动照明。卧室、餐厅、走廊等各种地方都需要各种各样的照明。

⑧书房照明模式。

⑨卧室的情景模式。我们每天大概有七八个小时会待在卧室里，所以卧室的模式要想得很周到，要根据每个人自己的需求来设定。

⑩娱乐室情景模式。这个模式与之前介绍的家庭影院有点相似，是比较奢侈的一种享受模式，我们可以在家里专门设置一个区，作为娱乐场所。娱乐室在家里可能不一定有特别完善的设计，但在公共区域，如养老院、幼儿园等都应该健全和完善，不同的娱乐区域的功能不同，那么就要设计不同的灯光、不同的音乐和不同的模式。

⑪安防系统。

如果我们能将这11个系统都完善地设计好，能达到我们的目标，那么我们就能拥有豪华、完备的智能家居。

如今很多独居老人会住在两室一厅的住宅里，房间虽然很紧凑，但功能却可以很齐全。我们可以在不同的房间、不同的位置布置传感器，以便感应这些地方的电器是什么状况、老人来过没有、老人在这里做了什么事等。除此之外，我们还可以为老人、残障人士设计服务机器人，为老人主动提供服务，送水、送药、端茶倒水，和老人进行交互活动。

说到养老机器人，我们在一家福利院做了示范。老人身上携带的系统和养老院的监控系统相连，监控系统涵盖养老院的各个楼房、楼宇和各个房间，这样，老人无论走到哪里，我们都能知道老人的位置及老人的状况。如果老人突然晕倒，系统就会报警，主机的摄像头就会迅速调整过来，看看老人是不是晕倒了，看看情况究竟如何，以便医护人员及时正确处理。

不过，也有老人表示，这样的监控系统虽然很好，但是它们用起来却不太方便。为什么呢？老人身上携带的系统设备跟银行卡差不多大小，不过比银行卡要厚三四倍，老人觉得重，觉得这些东西不方便，影响他们的日常生活和行动。并且晚上上床后，有时候会忘记戴上。这也提示我们，今后在做这种类似功能的设备时，要切实考虑到老人的需求。

以前就有报道称，松下公司已经停止研发养老机器人。这是为什么呢？养老机器人是给日本养老院的老人用的，可以跟老人说话、讲故事，有的可以说300多句话。但后来，人们发现，老人刚开始使用助老机器人时，觉得很新鲜、很喜欢，过了一阵子之后，觉得不好玩，就不会再用了。那么老人喜欢什么呢？老人喜欢跟身边的人打交道。人老了之后最怕孤单，所以他们更喜欢跟孩子、服务员、儿女、身边的伙伴交互，而不喜欢跟机器人交互。所以，松下公司最后停止了对这种机器人的研发。

不过，助老机器人还有一些别的功能，如帮助老人上下楼梯。上下楼梯是行动不方便者最大的障碍，如果机器人可以帮助老人上下楼梯，就解决了日常生活中的一大难题。对于卧床或残障老人，要用担架把他们从床上抬下来，非常困难，可能要四个人才能把担架抬下。所以，我们发现需要一种能便捷地爬楼梯、把人从楼上抬下来的设备，这样的设备不仅在家庭生活中，而且在救援、救险上也都非常有用。还有一种助老机器人，可以为老人提供便捷的服务。它上部有一个人体感知器，可以用手控制，人不需要说话，也不用键盘和鼠标。为什么不用语音呢？语音虽然是最方便控制的，但也有它的困难之处，如各地的方言就不一样，普通话讲得好，语音识别度高，但如果是讲方言，那语音识别率就低，所以我们用手势，手势很容易懂，三岁的孩子都可以懂，招手就是让它过来，挥手它就走。所以，目前我们给这种养老机器人的控制方式起名叫"招之即来、挥之即去"，这种机器人老人用起来非常方便，交互性很强。那么它究竟能为老人做些什么事呢？它可以定时在家里巡视，看看厨房有没有明火、锅有没有烧煳、有没有忘记关火，看看冰箱门有没有关上。有的老人常常忘记关冰箱的门，等发现时，冰箱里的东西已经坏了，这是许多独居老人常常遇到的问题。还有些老人，出门时经常忘带钥匙，而这种机器人只要感应到老人往门口走了，就会及时提示老人带上钥匙，把门锁好。所以，它在家里的一项重要功能，就是提醒老人。再比如，不少老人总是忘记吃药，我们可以在这种机器人上设定好服药的时间、次数以及吃什么药。另外，它还有远程交互功能，可以定期与老人的儿女或监护人交流，把老人的体征，如血压、心跳、呼吸等健康指标传输到健康网站上，监护老人的健康。

一说到机器人，大家最先想到的就是科幻电影里的各种各样的人型机器人，如阿凡达、机器人女友等。而在现代社会，第一台现代意义上的机器人是没有人的特征的，它是通用汽车公司在 19 世纪 60 年代研制的打铆机器人。机器人可以分为工业机器人、服务机器人、特种机器人，我们今天所涉及的养老、助老、助残机器人基本上是属于服务机器人，而军用机器人、救灾救险机器人等就属于特种机器人；工业机器人就不用说了，如焊接机械手等，大家很容易理解。

现在，机器人已经走进了寻常人的家里，离我们最近的是小机器人——扫地机器人，这种机器人几百上千元不等，贵一点的甚至上万元，它们主要负责在家里为我们打扫房间，可以不停地转，不停地扫，不过，如果地毯太厚了，它就可能上不去了，如果家里大一点，而充电有效距离又只有 5 米的话，它就很可能走到一半停下来。可见，目前这种机器人的智能化情况还不尽如人意，但无论如何，也算是开启了机器人走入家庭的先河。

作为助老助残机器人，最实用的是可穿戴的设备。有位 16 岁的英国少年，他左手意外缺失了，但他后来配了一只机械手，这只手能为他完成一些动作，如倒水、系鞋带。这个少年因此获得不少便利，这只手已经成为目前世界上最成功最好的机械手，它与真人的手十分相似。这种机械手是通过传统手臂上的肌腱信号来控制，想要通过机械手来模仿手指动作也不难，只要经过长期的训练即可，手臂上肌肉的信号可以指挥机械手动哪一块肌肉让手张开、动哪一块肌肉让手旋转。这是残障人士的福音，也是机器人技术尤其是仿真机器人技术的一大进步。

还有一类机器人，不但可以助残，也能助老，这类机器人也是可穿戴的，可以穿戴在人身上，上肢、下肢、躯干、腰等身体的多数部位都可穿戴，能够助力，穿戴这样的机器人设备可以搬起很重的箱子。

对于老人而言，腿部的力量很弱，有时可能会站不起来，给他穿戴上这种设备后，借助行走服务器，他就能自由行走。这种机器人对于护工来讲也是一个福音，有了它，护工就可以很容易地把老人扶起来。另外，值得注意的是，还有一种穿戴设备，它很小巧、方便携带，能为人提供特别好的感受和服务。它就像一条腿，只不过，它里面加了一些脑电信息和肌腱信息的传递功能，当人希望站起来的时候，神经就会传导到下肢的肌肉和骨骼。有的人的大脑虽然好用，但他的肌肉已经没有力量了，带不起骨骼，人就站不起来。这个时候，这种可穿戴的外骨骼就可以发挥作用了，当它感应到大脑希望身体站起来的命令后，就会以支撑力替代肌肉那部分的功能，帮助人站起来。这就是人工智能的体现，这种智能设备在大脑意识清楚且有控制能力的人身上能发挥比较好的作用。如果是完全瘫痪、已经没有意识的人，那就没有办法，只能靠护工帮助。不过，一个健康的人要想搬动一个卧床瘫痪的人，也非常困难，仅凭一人之力难以完成，至少需要两人。这个时候，便又需要一种智能控制系统来帮助护工抬动卧床老人了。

还有一种概念叫赛博格，有点像我们谈到的生物眼，即身体的某一个器官或者某一项功能缺失之后，由计算机系统和机器人系统来替代，如人工眼。盲人的眼睛虽然没有采光系统了，但我们可以在他的大脑里安置一个芯片，直接通向视神经，这时，眼睛部位实际上就成了一个摄像头，当摄像头摄的图像转换成后面视神经的信号，直接刺激大脑的视神经后，视神经就可以感觉到光和颜色的变化，然后在盲人眼前呈现信号，当然，它所呈现的信号比较模糊，没有我们正常人所看到的这么清晰。不过，这对于盲人来讲已经很不容易了，至少他能够感受到眼前有没有物体，并且能感受到比较模糊的颜色和光。这就是人工眼的研制。医学家也在做类似的工作。曾经有一个6岁儿童失明了，后来医学家为他做了人工眼，又因为这个儿童的视神经已经基本发育成熟，所以，等他长到一定年龄的时候，人工眼就能为他把摄像头的图片变成视神经信号，给他视觉感受。随着技术的进步，今后人工眼一定会越来越好。

另外，介绍一下市面上的第一个仿生机器人。曾经有个人因为高压电缆把双手打掉了，科学家就为他做了人工手臂，与那位英国少年的机械手有点类似，只不过，这个人工手臂是从肩到手的整条手臂。有了手臂，这个人的日常生活方便了许多，至少能够生活自理了。不过，这种人工手臂价格比较贵，整套系统大概600万元到800万元，并不是普通人能承受得起的，但我相信，随着技术的进步，价格会越来越亲民，未来能为越来越多的残障人士提供方便。

在可穿戴式智能设备上，现在还有一种非常火的产品，叫穿戴式智能设备，如说我手腕上戴的智能手环。它们有什么用呢？这种设备很小，将它打开，会看到一个USB接口，里面有一个非常小的芯片，它有什么作用呢？我们将它戴在手腕上，它能够感受到我们走了多少步，并按照我设置的步长、身高、体重、性别、年龄等，为我计算出我走了多少步，燃烧了多少卡路里。如果我有减肥计划，它会告诉我需要多长时间、每天应该做多少运动才能完成计划。它还有上网功能，能督促我运动，我可以与有类似需求的人一块儿散步、结伴跑步，我们不一定在物理空间上在一起，只要能在网络上联络，我们就可以相互交流。这是为人提供的健康检测。

安卓系统也有智能手表，可以跟安卓系统的手机联合使用，穿戴在人身上，为人提供生理指标的检测，为人提供手机的扩展功能。例如，如果我的手机没在我身边，但是有电话打过来了，这时，我戴在手腕上的智能手表就会振动，告诉我来电话了。如果是高端产品，还可以通过手表直接通话、接收信息。这种手表还可以检测人的心跳、呼吸频率、血压、睡眠等，为人的健康提供帮助。

另外还有一款iWatch，它的功能也很强。它能够安装内存，可以存信息，存消息，存我的健康信息，存我的手机电话，存通讯录，相当于一个小巧的扩展手机终端。如果在开会时有电话打来，但我又不方便拿起手机看，这时，我就可以看看手腕上的这块手表，看看是不是重要电话，要不要回电话，这样我就不会漏掉重要的信息。我们在运动的时候不方便带手机，但是可以戴手环和手表，这样就不会错过重要的信息，不会错过我们需要的资讯。

还有一个是 Pebble 智能手表。这种智能手表既能兼容 iPhone 系统，也能兼容安卓系统，这款手表对现在主流的智能手机"通吃"，而刚才所说的两种手表都不兼容彼此的系统。但 Pebble 是两个系统都兼容，无论是什么样的手机，都可以用这款手表。智能手环的主要工作是跟踪日常生活，监督睡眠和饮食习惯，为我们提供健康保健和改善身体状况的咨询和计划。但它所提供的服务重点并不体现在这里，它只是一个传感器，是用来采集信息的，而重点发挥作用的是后台的网站。这些信息通过手机，通过3G 网络，能够上传到我注册过用户名的网站上，在我的名下把我长期的运动计划、长期的身体状况放在那里，然后有专门的医学专家为我提供分析，分析我的身体状况是否与我的年龄相匹配，体重有没有超标。目前来讲，这个东西卖得不贵，只要几百元，但后台的服务费比较贵，一个月差不多要一两百元。不过，随着人们对健康的需求越来越多，这种服务也可能会越来越受到关注，很多对健康有很高要求的人，都会购买有偿服务，希望有人为自己的健康提供帮助。

还有一种设备，是眼镜式显示器，目前在国内市场没有看到，它也是美国的一款产品。它的视野范围不大，只有 19 度，但它在我们眼前展现的情景却非常令人震撼，有 40 寸电视屏幕这么好的视觉体验。许多 50 岁以上的人眼睛都有点花，如果他们在阅读的时候使用这种眼镜，可以将每个地方都看得很清晰。

谷歌眼镜也是目前很火的一个概念，我们在电视上、影片里和展览会上都会看到谷歌眼镜展现出来的风采。几年前，谷歌眼镜还只是一个概念，但现在已经是一款成熟的产品，在美国售价为人民币 6000 多元，在国内贵一点，大概 1 万元左右。现在有一些发烧友或体验族已经购买了谷歌眼镜。它有什么功能呢？我们戴上这种眼镜，在眼镜上摸一下，就可以上网、打电话，可以看各种资讯，同时不会影响我们正常的工作——因为这种镜片里的东西，你想看就看，不想看就可以不看。所以这种眼镜非常受欢迎。

有一种头盔显示器，是 SONY 公司做的。SONY 公司在 DV、摄像、游戏方面都有很好的技术支持，所以他们做的虚拟头盔也是非常好的产品。这款头盔非常轻，可以提供全 3D 的感受，而且支持全免费的开放。如果我对这个技术感兴趣，就可以进网站下载它的源代码，然后把我的设计、我的理念输进去，让这个产品具有更多的功能、更好的技术理念。

除了衣服、裤子，还有人做了鞋子。有一种与谷歌合作制作的艺术鞋，鞋里放了陀螺仪、加湿器、压力计，可以检测到穿鞋者走了多远以及他的步伐和踩力在地面作用的压力，并且能将这些数据与手机相连。除此之外，它还有一个非常有趣的设计，如果我们设定了今天要走一万步，而最后还没有走完就不走了，这个鞋会开始讥笑、讽刺，说"你真没用""你真笨""没有达到你的目标"……这样的设计也能给人一种好玩的体验，让人们在快乐的感受中去接受它的建议、完成自己的计划。

还有一种卫星导航鞋，售价很高，要 1750 美元。这种鞋有什么用呢？它可以卫星导航。左脚前面有 5 个灯，用来指示我们距离目的地还有多远；而右脚上像时钟一样排列的东西，用来指示我们的目的地在几点钟的方向。它的控制方法在鞋后跟里，走路之前，把鞋后跟的开关打开，将 USB 接口与手机或计算机连在一起，然后在地图上找到目的地和自己目前的位置。设定好之后，把与手机或计算机的连接拔掉，然后就可以穿上这双鞋走路了，它可以随时在地上指示我们方向对不对，以及我们走了多远。这种鞋的造型由艺术家专门设计，目前只接受单独定制的订单，大家也可以通过网络平台花 1750 美元定制一双属于自己的导航鞋。

充电靴也是目前挺火的一个概念。我们的手机动不动就会没电，没电之后就需要找地方充电。科学家希望能利用温度差来充电，我们穿上鞋后，脚是热的，而地是凉的，其中产生的温度差就可以变成电压，给手机充电。这是很好的概念，但由于这样出现的温度差并不是很大，所以如果要给大能量的手机电池充电，那恐怕要穿上鞋在地上站 10 个小时才行，所以，这种鞋可能不是特别实用。

还有一种概念比基尼，它带有一个光伏薄膜，在沙滩上太阳光资源比较好的时候，能把太阳光的资源变成电能，能够充电。但这样会不会伤人？如果充电量太大，穿着它的人会不会被电击？不会的，它虽然带电，但电压很低，只有 5 伏，而且电流很小，所以，人可以穿着它正常地去游泳，正常地在沙滩上晒太阳，而晒太阳得到的电能可以为手机充电。

还有一种 T 恤内置了一个鼓点控制器，我们可以用手敲打鼓点，打出自己的节奏。如果是打击乐爱好者，就可以随身打击音乐。这样的 T 恤特别酷炫，并且随时可以穿或脱，年轻人一定会特别喜欢。

还有一种节拍手套，戴在手指上，手的各种动作触摸就会传到压力传感器上，将它变成一种演奏，在 iPad 上有模拟的演奏器，如钢琴、手风琴模拟演奏器，我们不需要琴，只要依靠我们的手的节律，就可能打出节奏来。

还有一种年轻人比较喜欢的社交牛仔裤。那是什么样的牛仔裤呢？就是把牛仔裤和智能手机放在一起，在牛仔裤的口袋里有一个小装置，只要一敲口袋，就可以随时上 Facebook 发信息，跟踪个人的行踪，或者是给好朋友发一些照片或一些感言。这是不一样的体验，它将手机的功能扩展到服装上了。

还有一种健身服，在胸口的地方放了一个东西，大概硬币那么大，上面有很多的传感器。这种健身服是伸缩性的健身服，这种小仪器贴在我们的胸口上，可以感受到我们的心脏、血压、体温和出汗的情况。对于运动员来讲，他在运动的时候，这种设备就能够很方便地检测他的体能状况，测量他的运动量有多大；而对于普通人来讲，我们在日常生活中穿上这种健身服能为我们的健康提供检测功能。

还有一种智能头箍，现在市场上已经有售，大概 2000 元人民币左右。我把它戴在头上，如果我大脑比较活跃的话，就会产生脑信号。如果我看着计算机屏幕，一直想着左边，计算机屏幕的左边就会亮，当我想着右边的时候，计算机屏幕的右边就会亮。它还可以在计算机屏幕上显示一些东西，比如勺子、筷子、碗，如果我想让勺子向左移动，就集中精力想这件事，屏幕上的勺子就会开始往左移动。这些都是它能给我们提供的体验，可能现在还没有很好的应用。有了脑电波，大脑的信号能够被计算机发现，就可以实现意念操作。很多小孩子很喜欢这种东西，也有很多应用软件，大家可以做出非常炫非常好玩的东西。我们把它叫作脑子接口，也叫智能头箍。可以想象，有朝一日，我们不用动手，也不用动口，就能控制，想做什么就有什么。

第六感系统是非常炫的系统，是麻省理工学院的天才少年发明的。它就像我们在影视作品中看到的那样，只需一个手势就可以把某样东西搬到某个地方，想在哪里显示什么东西就在哪里显示，也可以让它凭空显示。像无道具表演一样，我的空间什么都没有，但我可以把我想要的图片直接投到我的衬衫上、投到手掌上，并且在这个上面操作。这种第六感完全是空间概念上的一个系统，它打破了以前用物理实物的观念，完全用虚拟、虚幻的手势来替代实物操作。如操作人员的手上会有不同的颜色，而操作的原理就是让摄像机来识别他的手势，不同的手势代表不同的命令和需求。第六感的东西可以在生活中给我们提供很多的便利，如我买了一件衬衫之后，想要回忆我是在哪里买的，这时就可以用第六感系统，它可以从摄像机里看到衬衫上的一些标识，把之前的数据库调出来，跟我说"你在2009年的9月3日在××店买了一件××衬衫，价格是××"，给我们提供很多的便利。但它也是一把双刃剑，它强调一种叫"读心术"的东西，如此，我便没有秘密可言，如果我的所有信息都放进系统，我走到哪儿它都会知道，它会知道我在想什么，甚至把我的隐私暴露出来。所以，这种可穿戴的设备、可穿戴的技术在给我们提供很多便捷的同时，也会给我们带来一些困扰，关键在于我们人类怎么使用它。

还有一种可佩戴的多点触控投影机，这个东西就不需要屏幕了，它可以直接投到某个地方，也不需要我对着计算机讲，只要在屏幕上用手触控就可以了，我可以随心所欲地把图片拿出来、放进去，非常方便。这种投影机靠计算机视觉识别信息，我在屏幕上按某一块图案时，我前面的摄像机会看到我的手的哪一部分接触，然后会把这部分以前设定好的命令发给计算机，于是就有了一个固定的操作，这样的操作很方便，可以变成一个锁键和解锁的系统。

还有一种指套，我们可以在食指上放一个指套，上面有一些压力传感器，能够让我们做一些操作。医生可以通过这种指套，把它放在身体的不同部分，能够通过这个压力和电压去检测皮下的组织是不是正常。我们的皮下组织是不是长了一些不该长的小瘤子，是不是有了癌细胞的恶化，都可以通过指套显示出来。所以，这种指套在医疗上可以有很好的应用，对于老年人、病人甚至正常人的身体状况检测都是非常有利的。

还有一种触觉手套——Tacit Project，它非常轻，只有 3 盎司，戴着这个手套也可以触摸各种东西，并且能够给人很好的感受。如果我往前伸手时，前面有东西阻挡了我，那么这个手套就会给我一个力的感觉，告诉我前面有东西阻挡了，得换一个方向。这样的手套对于盲人或大脑出现障碍的人来说，能有很大的帮助。

最近还比较流行一种电子皮肤——Epidermal electronics，它是印在皮肤上的电路板。这种电路板可以透过皮肤观察到皮下的组织状况，并把医学图像发到计算机上，作为我们眼睛识别的一种图像。这个东西应用比较多的是准妈妈的肚皮上，并且可以长时间佩戴，不用拿下来，只要家里有一套接收设备，就可以很容易看到自己的宝宝每时每刻是什么样的状况。

还有一种神奇的东西——Flora kit 电脑，它虽然只有硬币般大小，但功能却非常多，这种小电脑的处理系统相当于 586 的处理系统，上面集成了 GPS、指南针等，可以为生活提供便利，可以嵌入我们的手机或其他智能装备，为我们提供很多功能。

这种可穿戴式的设备与我刚才提到的机器人可穿戴设备都有一个共同特点，它们都可以长期穿戴在人的身上，并且有先进的电路系统和网络系统，能够通过蓝牙传输或者是无线传输信号，把我们需要的数据传到计算机系统上。

先进的可穿戴式的设备为我们的日常生活提供了很多的便捷，其中许多产品已经在市面上销售了。它们与智能家居、智能城市、智能小区一样，都能连接在一起，都能随时随地为我们提供便捷的操作和服务。

　　介绍了这么多智能设备、可穿戴式设备和机器人，不过，许多老人其实并不喜欢机器人，他们还是喜欢跟人交互。那么，能不能有一种方法让机器人更像人呢？最近，我们看到了一些能够模拟人表情的机器人，它们与人类十分相似，可以与人对话，可以做出人的表情，可以张开嘴巴，可以眨眼，身体的样貌、大小也与人很像。我想，如果有朝一日，机器人跟人很像，又有很好的交互性的话，或许老年人就会喜欢它们了吧。就像斯皮尔伯格的电影《人工智能》里的那样，机器人与人一模一样，并且也会学习，也有感情，有喜怒哀乐，还会帮助人类做很多事情。在这样的情况下，或许有朝一日机器人能够真正替代人，在我们整个智能化的空间里成为一个不可缺少的元素，成为我们人类生活中不可缺少的伙伴。

赢在创新

陈贺能[1]

"创新驱动，转型发展"，大家都知道，这是我们国家新时期的发展战略，置身在这个伟大战略之中，我们年轻人一定要有所作为。什么叫创新呢？简单概括就是做没有人做过的事。任何一件事没有人做过而你做了，你就创新了。我们知道创新有很多领域，如管理也可以创新，而在这个讲题里，我主要说的是科技领域里的创新。目的是鼓励大家努力学习，展开想象，激发创意。

让我们来看一个现代风力发电机的创新例子。说到风力发电，常见的风力发电机的转轴是水平放置的，随着时间迁移，为了从风里获得更多能量，现代的风力发电机建得越来越高，叶片扇面越来越大，到 2005 年的时候风力发电机的高度已经达到 114 米，扇面的直径达到 124 米，扇面面积相当于一个篮球场。你可曾想过，风力发电机越来越高、越来越大会有什么问题发生呢？第一，风力发电机装得越来越多，所占的地面面积越来越大，会严重影响城市的空间布局，城市市容变得不美观了。我们说这是视

---

[1] 作者简介：陈贺能，中国科学院高级工程师，现为中国科学院老科学家科普演讲团成员。1963 年毕业于中国科技大学近代物理系原子核工程专业，曾在中国科技大学近代物理系任教，在中国科学院物理研究所、中国科学院科学仪器研制中心做研究，在荷兰 FOM 原子分子物理研究所研究带电粒子在电场和磁场里的运动，计算并预测其空间运动轨迹；提出并论证了一种新型的离子质量分析器；研制并设计了一个新型的真空紫外电离型离子源；并与荷兰学者一起设计了一个专门测定高空中大气污染情况的质谱分析仪器。回国后调往中国科学院院部，曾任新技术开发局项目主任、高技术发展局副总工程师，并奉调派往中国香港工作十多年，还参与了激光技术应用项目的研发。

觉污染。第二，野生鸟类经常会撞上风力发电机。2010年8月加拿大某家媒体曾经报道过，据统计，平均每天有10只鸟或蝙蝠被风力发电机的叶片击倒，引来野生鸟类组织、野生动物组织、环保组织的抗议。第三，风力发电机如果装在居民区，风机转动的影子也是个麻烦，叶片转动的影子会通过住宅的窗户进入民居，一闪一闪的使人烦躁，有些癫痫病患者受不了，病就发作了。第四，噪声。风力发电机转动时发出的机械噪音是一种低频噪音，科学家称为"次声波"，人在这样的噪音环境下生活久了，不但容易失眠，还易引发心理疾病，有心脏病的人更受不了。还有，现代风力田也建在海上，利用海上的风力获得电力，这挺好。可是风力发电机发出的噪音会通过柱子往下传，传到海水中，再通过海水传到海豚听觉，本来海豚就是通过声音联络、寻找食物的，风机的噪音扰乱了海豚的正常生活，海豚也就不来了。还有一点，就是修理困难。风力发电机的电机、转动齿轮等关键部件都在高处，爬上去维修很不方便。

科学家就开始想办法，要创新。改什么呢？科学家想到了这样的方法：将水平轴风机的水平放置的转轴改成垂直放置。可别小看这个大胆的改动，意想不到的是它比轴水平放置获得了几个优点。第一，任何方向的风都可以吹动它。而原来水平轴风机的旋转面必须面向着风，一旦风向改变，就得调整扇面。第二，修理不那么困难了，这种垂直轴的风力发电机的电机就放置在地面上，维修起来容易多了。第三，为以后通过磁悬浮的方法减少摩擦力的设计奠定了基础。我要说的是，创新需要大胆改变。不是原来是什么样子，就永远是那个样子，永远不被怀疑，你只要多问几个为什么，多想几个"如果""如果不是这个，那会怎样？"换一个方法去思考，创新可能就在其中。

这就是我想说的第一点：创新不是空想，创新是来自实践的需要。

再举个很有意思的例子。一位英国科学家从枫树的种子掉落时打转转的现象中得到了启发，发明了一种风力发电机。这是科学家受到大自然的启发而创新的例子。枫树在加拿大、美国北部非常常见，我国大部分地区也长有枫树，夏秋季节开始结种子，种子长着一对"翅膀"，干了以后它会从树上往下掉。它往下掉，相当于风往上吹，于是它就打着转转飞落下来。这位细心的英国科学家观察到这个现象，得到启发，据此设计了一种外形非常像枫树种子的风力发电机。所以仔细观察生活，我们会得到很多启发。今天说创新，其实创新很多都来自对大自然的模仿。我不是说只要模仿就一定会成功，我是说至少他的思路是正确的。

再看看第三个例子：飞蛾的眼珠也给了科学家启发。

如果大家认真观察，就会发现，我们的硅太阳能电池板在太阳光下会有反光的现象。多年来，许多人都没注意到这个现象。从科学的角度看，这其实是硅太阳能电池厂家造成的一个缺点。我国是太阳能电池板生产大国，已经生产了很多单晶硅太阳能电池，可惜绝大多数工厂生产的太阳能电池都存在反光的缺陷。这是工厂的抛光工序带来的。现代科学家对此进行了认真研究。根据科学的计算，有反光现象的硅太阳能电池板会将30%～40%的太阳光强度反射走，那就意味着只剩下60%～70%的阳光能进到太阳能电池里发电，效率大大下降，这太可惜了。如果光全部被太阳能电池吸收利用，产生光电效应，那发出来的电不就更多了吗？所以科学家必须想办法克服反光的缺陷，让更多的太阳光进入太阳能电池板去发电。

怎么解决"反光"这个问题呢？譬如照相机，可以在一种叫作"真空镀膜机"的机器里，把镜头表面镀一层具有一定厚度的薄膜，科学家称这层薄膜为"增透膜"，也叫"抗反射膜"，反光的现象就大大减弱了，更多的光进到了照片里，画面就更清晰了。大家常常看见一些高档相机的镜头表面看上去紫蓝紫蓝的，就是镀上了增透膜的镜头。可惜这样的镀膜太贵了。科学家认为，太阳能电池的生产量很大，用真空镀膜的方法行不通。

后来，科学家发明了一种抗反射的覆盖层，效果好极了。其实这个主意就是来源于我们常见的飞蛾。

科学家注意到，飞蛾的眼珠很小，直径才一毫米，它们夜间飞行居然没发生问题。漆黑的夜里，飞蛾怎么能看见食物呢？学问应该就在它的眼睛里。于是，科学家用电子显微镜将蛾眼放大到超过 25000 倍，大家可以动手算一下，一毫米放大 25000 倍那就是纳米结构了。放大 25000 倍之后，科学家惊奇地发现，纳米结构的飞蛾眼珠子原来是凹凸不平的。科学家一下子明白了，原来很弱的光线到达飞蛾眼珠后，这种凹凸不平的结构使得光无法再向外反射，光线便会全部被飞蛾的眼睛吸收。所以，虽然光线很弱，但飞蛾还是看见了。请大家想想我们在家里照镜子的时候，镜子是平的、光滑的，光全部都反射了，所以照镜子的时候就觉得镜子里的人像漂亮了。要是镜子表面是粗糙不平的，人像就模糊不清啦。科学家由此想到，如果把太阳能电池的表面也做得不光滑，做成具有纳米结构的凹凸不平面，立刻就能把太阳光反射的现象给去掉，这意味着更多的太阳光就能进入到太阳能电池板里，发电量也就更多了。这就是科学家从飞蛾的眼珠得到的启示。今天，我国上百家太阳能电池板制造商必须立即改进生产线，利用相关的技术，将太阳能电池板做相应的处理，以提高发电效率。

这个例子进一步告诉我们，要向科学家学习，像他们那样仔细地观察生活，积极思考。也许动物、植物，如昆虫身上的器官结构、生活习性能够启示我们，帮助你我去创新！

我建议家长朋友们多引导孩子学会仔细观察生活。"仔细观察"特别重要，这是"科学素养"。只要仔细观察，大自然能给我们很多启示，小朋友可能因此有所发现、有所创造。我曾经听说，有个参加全国青少年科技创新大赛的小学生，平常特别喜欢观察昆虫的生活习性。他注意到树上的虫子一般都钻到树下的地里过冬，等到春暖花开时就从地下钻出来往树上爬、吃树叶，对树的生长危害很大。他想，如果能拦住虫子不让它继续往上爬就好了。于是他想出了在树干上缠绕一条粘胶带的办法，虫子经过时，胶带就能把虫子黏住。他的创意真有科学性，既简单又实用，获得了奖励。今天有些地方已经用这种办法保护树木了。其实今天的孩子们正需要家长、老师们的积极引导，培养他们养成善于观察生活、仔细观察大自然和身边一切事物的科学素养，启发孩子们大胆展开想象，激发创意。很多家长抱着"望子成龙"的心态，怕孩子会输在起跑线上，总是忙着逼迫孩子，不是让孩子在家读书练习就是进补习班，忽视了让孩子们到大自然当中去，忘记了让孩子们仔细观察生活，从中启示他们展开想象。这样的家长，真该认真反思了！

接下来讲个更有意思的例子，也与创新有关。科学家发明响尾蛇导弹是模仿响尾蛇的生理结构而创造的。关于响尾蛇，其实我们还有很多不了解的东西。科学家发现，一条响尾蛇即使眼睛瞎了也能知道哪里有食物，并且还能准确找到，这是怎么回事呢？响尾蛇到底靠什么发现前面有食物呢？仔细观察响尾蛇就能发现，它的鼻子旁边有一个器官，科学家为它起名叫"颊窝"。这个颊窝是干什么用的呢？科学家通过解剖发现，这个颊窝的后面有一块膜，今天科学家已经知道，这块膜上面布满了神经末梢和线粒体，它对温度非常敏感。但十多年前的科学家只是通过分析认为可能是这块膜能感知温血动物身上发出的红外线。接下来要问的就是，这种"可能是"的认识（科学上把这称作"假设"）对不对呢？科学家要做的，就是设计一个实验证明这种认识是对的。十多年前，一位美国博士研究生设计并完成了下面这个漂亮的、带有创新性的实验。这个实验很棒，得到全世界动物学家的称赞。让我们一起来看看这个著名的实验。

这位美国的博士研究生设计了一个玻璃制的 Y 形三叉管。让响尾蛇从三叉管下端爬进三叉管里，三叉管的两个上端是出口，其中一端设计的温度比较高，比如40℃，另一端设计为19℃～20℃。一端高一端低。他做了几十次实验，观察响尾蛇到底往哪一边爬。结果发现，响尾蛇总是爬到温度低的一边。实验结果清楚地告诉我们，响尾蛇的确能感知哪一端相对较热而选择去凉爽的一端。请注意，响尾蛇的皮肤很厚，感觉不到这一点点温度差，眼睛也不能分辨两端出口哪一端更热，那只有颊窝，应该是颊窝能够感应到两端的温度差。

接着，这个博士又做了第二个实验，他用棉花球将响尾蛇头部两侧的颊窝堵住，再加上一小块铝箔封住颊窝，为的是不让出口两端发出的红外线传进去。这时科学家再让响尾蛇从下端爬进去，观察它到底从哪一端爬出去。同样的实验做了几十次，得到的结果是：响尾蛇分别走到温度高和温度低的两端的次数大致相等。用中学生学过的数学语言来归纳，那就是，响尾蛇选择爬到较热端和较凉端的概率相等。

两个实验的结果清楚告诉我们：不堵住颊窝，响尾蛇能分辨哪一端热从而选择去凉爽的一端；一旦颊窝被堵住了，它就无法分辨，于是一会儿爬向热的那一端，一会儿爬到较凉爽的那一端，乱爬了。这充分证明，响尾蛇的颊窝原来就是可以感应热的。

但科学家做事非常严谨，实验必须多次重复。所以这个博士又设计了第三个实验：在一个实验室模拟的人造沙堆里挖了三个洞穴，其中只有一个是凉爽的。又重复之前的两个实验，把响尾蛇放在三个洞穴的中间，看看响尾蛇在没有堵住颊窝和堵住颊窝两种情况下，它是否能够发现那个较为凉爽的洞穴。结果揭晓了。凡是堵上它的颊窝后，它总是走到离它最近的那个洞穴里去，不管是凉还是热，但当颊窝没有被堵上时，它总是能找到凉爽的洞穴。

我为什么要介绍这个创新性的实验呢？因为很多愿意去搞创新的朋友只是有一股子创新的热情但是不知道怎样去开展。上面这个例子就是告诉大家，创新必须遵循科学的方法。首先是"发现"。你必须有好奇心，才能通过仔细观察去发现那些与一般常识有违的地方。然后深入"调查"了解，上面这个例子就是通过解剖详细了解到，原来颊窝里面有一块膜，这正是我们从表面上看不到的。在这基础上你要思考，判断这"可能是"干什么用的，科学上认为这只能说明这是你的"假设"而已。这个假设到底是否对呢？你要设计一个"实验"来证明你的想法是对的。最后你要"分析"这些实验结果。请记住五个关键词：发现、调查、假设、实验和分析——这就是探索、发明和创新的科学思维和科学方法。

回到响尾蛇的例子，今天我要说的是模仿可以帮助我们创新。科学家模仿响尾蛇的颊窝功能发明了响尾蛇导弹。响尾蛇导弹的感应头就是像颊窝那样，是感应热的，感应谁的热量？显然是感应敌机尾部喷出的高热量。敌机的尾部喷火，你瞄准它，跟踪到底！所以响尾蛇导弹瞄准敌机喷火的尾部飞去，百发百中。

大家一定对此很感兴趣。那我不妨考考你！假如你是飞行员，敌人的响尾蛇导弹瞄准你了，你有什么办法避开攻击呢？

答案其实很简单！切记这时只有十来秒时间来应对，没有时间在自己的飞机上想办法加点什么了。你要"急中生智"，设法引诱响尾蛇导弹犯错误。战斗机上有一种"红外诱饵"弹，它扔出去后发出一堆火球（热源），响尾蛇导弹就被这些火球误导，瞄准这些热源去了，这时你赶快拐弯"溜走"就是。还有一种办法也挺奏效的。只要你对着太阳飞就成！敌人的响尾蛇制导导弹瞄准了你，你就赶快对着太阳飞，然后拐弯，响尾蛇导弹就被误导，瞄准太阳去了。这是战机一方的应对、创新。那响尾蛇制导导弹一方又如何应对呢？顺便说，今天新一代的响尾蛇制导导弹也已经有了创新，有了新的应对措施，这里就不一一论述了。感兴趣的听众可以看看军事书目。我要说的就是：创新来源于实践的需要。

发明创造最重要的一点，就是"好奇"。我家上小学三年级的孙女曾问我，"爷爷，恐龙怎么今天都没了呢？"其实科学家也一样在问同样的问题。对于这个问题，我今天不在这里展开说。我是说，三年级的小学生也问这个问题，说明了她很好奇。在座的同学们，我相信你们也曾经问过爷爷奶奶、爸爸妈妈或老师们这样那样的问题，对吗？非常好。好奇是你们的天性，生来就有。但是孩子们，你们不能因为学习重要、考试紧张，就把自己宝贵的好奇心丢了。要知道，科学家一辈子都好奇，你想，他要是没有好奇，哪来的研究呢？所以说好奇心特别重要。家长们也一定要明白，可千万别在孩子提出这样那样的问题时给他泼冷水。

上面我举了几个例子说要学会模仿，模仿就能够发明创造。创新源于洞察，好奇才能发现，孩子们要加强在这方面的训练。

下面说：没有想象，就没有创造。

要积极大胆地展开想象！所谓"天高任鸟飞"，在发明创新这方面，甚至"胡思乱想"也可以嘛！想错了又有什么要紧，改过来或者撕了它重想重来就是了，不要紧的！没有想象，怎么能有创新？爱因斯坦说过一句话，想象力比知识更重要。其实他的一辈子就是这么干的。大约120年前，当爱因斯坦中学毕业的时候，他想了一个全世界谁都没有想过的问题：如果物体运动的速度与光速一样快，那会是什么样呢？牛顿定律还行吗？如果不行，那运动速度达到光速的物体该遵循什么规律呢？经过潜心努力钻研，他率先提出了划时代的"相对论"。这是全世界都公认的20世纪最伟大的近代物理理论了。相对论的公式就是假设物体以光速运动的时候所遵循的运动规律。今天，已经没有人不知道光子、电子、原子核里所有的质子、中子还有其他基本粒子统统都是以光速运动的，光速运动的物体遵循相对论规律。当然这是相对论中最基本的一条，相对论还有很多其他相关的内容。但是，物体"以光速运动"这一点正是来源于爱因斯坦丰富的想象力。请注意，那时他才中学毕业，谁都没有想过这个问题，只有他一个中学毕业生，竟如此大胆。可见积极大胆展开想象，给我们多么大的启发。

还有一个例子，近年，西方一位建筑师想象力十分丰富，他设计了一栋让每一层楼都能转动的大厦,挺有新意。每层楼都会转的房子?多有意思啊!住在这样的房子里多好啊。如家住北方的都知道,朝北的房子是永远见不到太阳的,尤其在冬天显得格外阴沉沉。这下可好了,只要房子转起来,朝北的那一面不再只朝北啦!那么,这样的建筑,结构应该是怎样的呢?于是这位建筑师开始构思了。这幢大厦的中间应该有个"轴",让每层楼都能绕着中轴转。那么它的门在哪儿呢?这位科学家的想象力很丰富,房子转起来,人们生活在里面,整个城市风景都能一览无余,多棒啊!那么,这个家的洗手间应该布局在哪儿呢?洗手间能转吗?要是洗手间也可以转,那麻烦了,有好多上水下水的水管,它能转吗?洗手间是不能转的。那么我们把它放在"轴"里,所有不能转的东西都放在"轴"里不就行了吗?

我们现在盖楼房的方法是这样的:一层一层地摞上去,但是建筑师设计的新的盖楼方法是,先把中轴建起来,然后再将每层楼房分拆成一块一块地在地面先准备好,然后拉上去,拼起来就行了。既快又好,多有意思。我之所以举这个建筑师设计一座会旋转的楼房的例子,就是鼓励同学们努力学习的同时学会大胆积极展开想象!这个建筑师的设计极富创意,非常独到,奇妙的想象力非常值得我们赞叹!

最后,还想与大家分享一个例子,这也是来自科学家的丰富想象力:20 个小时就可以"打印"一栋房子!你一定会问,这到底是哪个科学家发明的?我告诉大家,是一位意大利籍的教授。这位教授到美国南加州大学工作后,专门研究一件事——怎么改变现在盖房子的方法。我们都知道,现在盖房子需要工人们将砖一块一块地摆齐,用水泥一块一块黏好,然后再把第二层砖放上去,再一块一块对齐。所谓"高楼也需平地起"嘛,不过真是太慢了。这位科学家就想,能不能有更好的办法?我们得改变这种千年不变的旧办法。这就是今天大家都知道的"3D 打印"方法。多棒的想象力啊!于是,他从最简单的房子开始设计了。你看,这房子简单吧,咱们把房的顶盖部分掀开来看看,墙是怎么盖的?建筑工人一块砖一块砖"码"上去的,古今中外都是这样盖房子的。但是这位教授说太慢了,再说烧砖也浪费能源,烧砖在美国是不允许的。于是他设计了一个非常像我们办公室里"打印机"的机器,进行 3D 打印。先有一辆水泥车,代表调配好的水泥，通过一条管子把水泥送到"打印头"，按照计算机设计的程序，一层一层地挤出水泥。另一个是机械手，把木材、钢材捡上去。

这个科学家的想法真棒！他先铺上一层地基，开始建墙体时，就按照计算机设定的程序，打印头开始挤出第一层水泥，然后再按第二层的程序挤出第二层、第三层……一层一层叠加，直到完成。那么，房顶怎么加上去的呢？这时，就需要用机械手来帮忙了。多有意思啊！再也不要一块砖一块砖地摆了。3D打印新技术的出现意味着，传统工艺中那些用不上的工种一定会退出历史舞台，用老手艺谋生的行业工人们必须明白，如果不学习新工艺，你的老手艺可能会被淘汰！现在技术的进步，一定会带来社会的变革！这是生活在现代社会的每一个人都必须明白的！

大家可以充分展开自己的想象力。一幢房子，就这样一层一层地盖，20个小时过去了，一栋两层楼的房子就这样盖好啦，太棒了！

有人会问，墙体如果有钢筋呢，那又是怎么盖的呢？打印头连续浇筑水泥墙时，在适当位置放入钢筋，再浇一层水泥。多棒啊！整个建筑行业都被他革新了。这一切，就来自于想象力！想象力太疯狂了。

地震和其他自然灾害来了以后，许多房子都倒塌了，人们也没法很快盖新房，如果能用上面说的3D打印的方法去给他们服务就太好了。科学家预言，未来的房子完全可以用打印的方法来盖好。

这位科学家通过视频给同行分享了这个"3D打印"的想法。当时在座的博士和教授听完了他的报告后受到启发，说这个方法非常有用，将来甚至可以应用到月球上，在月球上盖房子。这就是我在这里说的"想象力"！2013年2月1日的西方报纸登出来一条消息称，欧洲航天局设计了一个方案，他们打算使用这个3D打印房子的方法在月球上为宇航员盖房子。那么让我们一起来想象一下，月球上盖房子用的机器，需要派工人去开动吗？你out了！就在我们地球的家中遥控就行啦。我们不用上月球，只要在地球上的实验室或者家中敲敲电脑，天上的机器就跟着你的设计程序动作了。

在月亮表面盖房子、铺路都可以在地球这边遥控。但月球上没有氧气，虽然能盖起房子，但宇航员还是不能生存，怎么办？穿着宇航服，背着氧气瓶行吗？不行的。氧气瓶用光了怎么办？别担心，科学家已经发现，月球的岩石里有很多氧。这有点像地球上的岩石、土壤当中有很多化合物一样，如氧化铁、氧化铝等氧化物，其中氧是以化合物的形态存在物质当中的，只要通过适当的化学反应，完全可以把氧分解出来。从原理上说，在月球上制出氧气没有问题，就等待着你们年轻人去实现。

然后来解决水的问题。宇航员没有水喝怎么办？大家都知道，水是由氢和氧组成的，两个氢原子加一个氧原子，一合就是水。刚才已经说过，氧已经有了，就差氢了。氢在哪儿呢？其实氢就在太阳里！太阳每分每秒不断向外层空间喷发大量粒子，科学家称为"太阳风"，实际上这些粒子绝大多数是氢离子。因为地球有磁场，所以落不到地球上来，但是月亮上面没有磁场，所以可以在月球上接收太阳风里的氢离子。有氢、有氧还怕没有水吗？当然你还可以有其他办法！

再举最后一个火星的例子。"好奇"号火星车大家都知道，它曾对火星的岩石进行分析研究。它在火星的岩石上钻了几个眼，得到那些碎末，放到"好奇号"的仪器上一分析，科学家发现，原来火星的岩石上含有硫、氮、氢、氧、磷、碳等元素，这些都是与我们生命有关的关键化学成分。所以人类移居火星是有物质基础的。

这就是科学家在科技领域里进行创新的例子，希望能启发大家向他们学习创新。要知道，创新不是空想，而是来自实践的需要；创新就是打破常规敢于想象，想别人没有想过的，做前人没有做过的。培养创新能力，首先必须养成认真细心观察的习惯，学会利用模仿思维，当然，懂得逻辑思维和辩证思维也是相当重要的；我们鼓励大胆尝试，但动手时注意方法要正确；创新成果要经得起数理化知识和实践的检验。

谨以此讲座抛砖引玉，鼓励青少年发挥想象力，激发潜能，让智慧在创新中闪光！

3D 打印未来

陈贺能[●]

20 世纪 90 年代初，香港出现了一种专门用来快速制作模具样板的新设备。市场经济下，新产品竞争十分激烈，人人都想尽快把新产品拿到市场上亮相以抢占市场份额。

以玩具市场为例，塑料玩具的市场很大，但生产塑料玩具都必须开模具，而传统的开模具过程很麻烦。比如，在制造塑料玩具车中的车轱辘（滑轮）时，技术工人首先会按照设计图纸用木头做成一个 1：1 的轱辘，即模具"样板"。因为是用手工制作出来的，所以工厂工人称其为"手办"，也有叫"首版"，西方人叫它"原型"。设计者据此审查他对原设计的外形、尺寸、结构是否满意。不满意就修改设计，重新制作样板，直到满意了才将样板定型，拿去开模具。但如此一来，开模具的工期可能就特别长，耽误新产品上市销售。于是，革新者开始探索，期望用新方法"快速"制作模具样板。

20 世纪 80 年代末，美国人做出了成功的探索，使用 3D 打印技术专门

● 作者简介：陈贺能，中国科学院高级工程师，现为中国科学院老科学家科普演讲团成员。1963 年毕业于中国科技大学近代物理系原子核工程专业，曾在中国科技大学近代物理系任教，在中国科学院物理研究所、中国科学院科学仪器研制中心做研究，在荷兰 FOM 原子分子物理研究所研究带电粒子在电场和磁场里的运动，计算并预测其空间运动轨迹；提出并论证了一种新型的离子质量分析器；研制并设计了一个新型的真空紫外电离型离子源；并与荷兰学者一起设计了一个专门测定高空中大气污染情况的质谱分析仪器。回国后调往中国科学院院部，曾任新技术开发局项目主任、高技术发展局副总工程师，并奉调派往中国香港工作十多年，还参与了激光技术应用项目的研发。

"快速"生产模具的样板。大家可能会觉得很惊讶，原来 30 年前就有 3D 打印技术了！的确如此。我曾代表中国科学院技术科学与开发局一直在中国香港工作。香港的生产力促进局在 20 世纪 90 年代初以高价进购了一台专门用来快速制作模具手办的高级设备。这台设备里用了一台紫外线激光器，而当年的香港没有研究或制造激光器的，正好我们中国科学院有几个研究所专门研究激光器，也因为这样，他们才把我找去专门解决这套设备的激光技术问题，而我也由此开始接触今天所说的"3D 打印"技术。

那么，3D 打印快速制造模具样板的技术是怎么实现的呢？

虽然 20 世纪 80 年代末已经出现了 3D 打印技术的雏形，但当时只限于在模具制造业中用来快速制造产品的"原型"，没有人想到其他制造业也可以用，更没有人想到将它发展成一个产业。

今天 3D 打印技术之所以发展这么快，我认为是技术飞速发展的结果。首先是电脑技术的进步。软件、硬件发展飞快，30 年前 CAD/CAM、数控机床才刚刚出现，但到现在，已经随处可见。其次是各种高技术的不断进步。30 年前的大功率激光器非常庞大，还不稳定，而如今因为半导体功率激光器的出现，功率激光器小型化了，由此推动着激光加工技术的普及。此外，还有电子束加工技术的进步，再加上各行各业受到这种 3D 打印技术原理的启发也试图创新，都在探索 3D 打印技术在这些行业是否可用。这些因素综合在一起，促成了"3D 打印"这个制造业上的新鲜玩意儿迅速崛起。一转眼，在美英等西方国家，3D 打印已经成为一个行业，在今天广受关注，成为一个非常热门的话题。美国《时代周刊》已经把 3D 打印产业列为美国十大增长最快的工业。

那么，究竟什么是"3D 打印"呢？"3D"就是立体的意思，但"打印"只是一个俗称，这种说法并不严格，但比较形象。实际上，它是一系列快速原型制造技术的总称。准确地说，这种技术应叫"直接制造技术""增材制造技术"或"叠加成型技术"。

我们不妨通过 3D 打印技术在一些最常见的工业、制造业中的运用过程的具体例子来了解一下它的技术细节吧。

首先回顾一下传统的机械工业。传统的机械加工方式是车、铇、铣、磨、钻、镗等，要用到各式各样的机床、刀具、夹具等。以车床加工零件为例，首先，需要一个坯料，经过切削等工序加工以后，再生产出一个小零件。也就是说，传统的机械加工是"大"坯料经过相关专用机床的加工之后才变成"小"零件。形象地说，这种方式叫"去材加工"。21世纪之前的机械加工业就是如此，即便到了今天，许多地方也依然依赖这种去材加工的方式。但我们总会有些批量大的零件加工，如齿轮，这些零件又要车又要铣，还有其他多个工序，要用几款通用机床一个接一个工序、一件接一件加工，如此生产，速度很慢，也不方便。于是，科学家便发明了一种叫"粉末冶金"的新方法来加工这种零件，速度快了许多！只要先开好模具，然后将相应的金属粉末填满，压实成型，再成批地拿去烧结炉进行烧结。当烧结温度高达1000多摄氏度时，一颗一颗金属粉末粒子表面就会熔融，并黏到一块，这时，再经过特别的退火处理，让它凉下来，就变成了我们要的齿轮。用这种方法来批量生产齿轮，比传统方法要快许多，尤其是一些外形复杂、生产量大的零件（如齿轮），用粉末冶金最合适。

但是，那些形状特殊、开不出压模、不适用粉末冶金方法的零件，怎么办呢？

21世纪前夕，出现了一种叫作"选择性激光烧结"（Selective Laser Sintering, SLS）的技术。这种技术要用到金属粉末的烧结。一开始先利用CAD将这个零件的三维图形画出，然后把三维数据处理成 n 个分层截面的数据串，再按次序加起来成为 CAM 的控制程序，用来控制功率激光输出的焦点位置和工作台位置。只要在激光输出的焦平面上铺上一层相应的金属粉末，然后启用激光束，利用 CAD/CAM 技术将这个零件对应这层截面的位置信息，去控制功率激光束扫描，并在扫描的同时选择将这层截面边界内的有关部分的金属粉熔融。注意：扫描的激光束移动到下一点时，原来这个已经被熔融的点因为激光（热源）移走而迅速冷却、凝固，等于这个局部位置的金属粉就被烧结了。然后，让工作台下降一定高度，再在焦平面上铺上第二层金属粉末，再用第二层截面的位置数据控制激光束，将工件相应截面边界内的金属粉熔融烧结；再铺一层再烧，如此往复，很快就能把这个零件烧结出来。这就是所谓的"选择性"烧结。扫描每一层的时候，都只是用激光选择性地烧结属于要制造的那个工件的截面部分，这一层金属粉中不属于工件的地方没有被激光烧结，还是原来的粉末状。等到各层都依次烧结完成后，只需用气吹掉所有未被烧结的那些金属粉，整个零件就显现出来了。整个过程，实际上就是今天大家所说的"3D 打印"过程。

从机械加工到粉末冶金，再到 3D 打印，能明显感觉到技术上的进步。除了得益于今天非常成熟的 CAD/CAM 之外，还得益于功率激光设备的快速发展。激光加工技术的成熟，使得我们可以很快将零件一层层分层制造，从下而上地叠加成型。

说到金属粉末，可以是合金，也可以是钛合金粉末、铁合金粉末。除了金属粉末外，如果你要做出非金属件如尼龙、ABS、石蜡什么的，那还可以用非金属粉末如聚碳酸酯、石蜡、尼龙粉材料，当然这些材料的熔化温度低，用二氧化碳激光器就够了。

上面所说的，就是 3D 打印的一种，是选择性的、层叠式的激光加工过程，名称是"选择性激光烧结"或"选区激光烧结"技术，英文是"Selective Laser Sintering"。不过要提醒大家注意，激光器输出在焦点处的温度很高，能熔融金属粉，所以整个工作腔内的空气一定要抽走，充入氮气等保护气体，以免烧结时金属粉发生氧化。

明白了这种技术的基本原理，还要抓住这种技术的本质，即"分层打印，叠加成型"。不管是什么加工方法，只要是分层打印、叠加成型，就可以归入"3D 打印"技术这个领域，即按照计算机输出的一层一层的数据，去同步控制工作台和类似激光器这样的热源（或者打印头），用逐层增加材料的方法来生产一个零件。这和传统的金属切削、去材加工的方法完全不同。这是新技术的特殊之处。过去是切除（去除）那些不要的坯料，把它扔掉，而今天的 3D 打印技术是把有用的材料有规律地逐层添加上去。所以把这种技术称作"增材制造技术"，也称作"叠加成型技术"，是非常科学的。

"3D 打印"技术与传统机械加工相比，它有以下几个典型的特点：第一，使用了全新的机器，不再用那些传统的车、铣、刨、磨等机床。"全新的机器"指计算机加上类似于打印机的机器。第二，使用了新的技术。计算机软件硬件技术，CAD/CAM，然后将激光加工、电子束加工这些高科技都加进去。第三，用的是全新的加工概念。是一层一层的增加材料，而不是切除（切削）材料。第四，这是一种新的方法，这个新的方法就是"直接制造"出一个你想要的物件而不需要经过车、磨、刨、铣、钻等多种工艺，一种工艺直接制造就可以了。

各位如果要查阅有关"3D 打印"的英文资料时，不能只搜索"3D 打印"（3D Printing），还要用"增材制造"（AM，Additive Manufacturing）和"直接制造"（DM，Direct Manufacturing）的概念来搜索。上面所说的工件就是直接制造出来的。如果你只输入"3D Printing"这个词，能查到的相关资料就有限了。用 AM 或者 DM 来搜索，你会找到很多工业领域相关的新动态。

有人会问，分层打印的话，会不会影响到下面一层？当然会！如果控制不好激光器的功率，就会影响到下一层。所以 3D 打印这个工艺就包含着类似"激光器到底选用多强的功率""激光焦斑多细""激光束稳定不稳定"这样的技术细节。这是具体的工艺参数的选择问题。

接下来通过上面这个例子说说"3D 打印"技术的工作步骤。

第一步是先要获得那个要制造的对象的 CAD 分层控制信息。如说想得到一个人的头像，只需用三维扫描仪即可获得这个人头像的（x，y，z）三维数据。如果要设计一个你自己想象中的物件，那就用 CAD 软件设计，将它画出来，它的三维数据就有了。然后，这些数据要调整，把它分层。利用计算机沿 z 方向等距离地把物体分成 n 层截面。这就是说，把三维数据分解为 n 组二维数据串，即 n 个平面的数据。第一层就是高度为 z1 那一层的数据串（x1，y1）；第二层就是升高了一定高度的、对应高度是 z2 那一层截面的数据串（x2，y2）；同理，中间第 i 层截面 zi 的数据串为（xi，yi）。就这样，从 z1，z2，……zi……到 zn 按次序将一层一层的数据串组合起来，以便对工作台的位置移动（xi，yi）和激光器（或打印头）扫描的位置移动（xi，yi）同步地加以控制。第二步就是 CAM 数控加工。工作台的移动位置和激光器（或打印头）扫描的位置（xi，yi）完全受上述分层数据串（xi，yi）控制。这就是"逐层打印"。这个加工是由点到线、由线到面、再由面到体完成的。

不管结构多复杂的零件，都会有它的三维数据，所以只要写出它的分层数据，拿去控制机器，就完全能够在短时间内把材料变成所要的零件。

这是过去传统的工艺、工业没有办法做到的。用 3D 打印完成的产品，我们叫作"近终成型"。虽然不是非常完美但是成功了。你会发现，分层越多，n 越大，产品表面就越光滑，但加工所需时间会越长。所以要看要求来定、分多少层可以被接受。后期可以对表面进行处理，如人手打磨、喷砂、喷玻璃珠和喷灰，使表面变得更细腻。

下面说说，3D 打印有什么优点。

第一，几乎任何形状的物品都可以用这种方法造出来。只要能写出物件的三维数据，或扫描获得原始物件的三维数据，不管设计成什么样，用这种方法都可以加工出来。第二，最适合个性化产品的制造。个性化的产品，就是只有你一个人拥有的产品。比如说假肢，15 岁的孩子和 50 岁的中年人，两者的假肢是不一样的。按传统的方法定制很难。这时候用 3D 打印，按个人的实际情况来设计假肢，而且只生产一具，就非常容易直接制造。第三，传统的机械无法加工的、非常难造的部件，可以利用 3D 打印技术制造出来。第四，不仅可以多个不同零件同时"打印"，还可以对一个零件进行小批量生产。你只要通过 CAD 软件把多个零件的同一层数据按次序串（加）起来控制机器。当然打印机要足够大，激光器用于控制落点的"振镜"其摆动幅度要够大（但不是振幅越大越好。振镜摆动太大时，边沿处会失真）。第五，3D 打印技术非常适合用于开模具做手办，它大大缩短了手办的制作周期，特别适合用来制作非常大的模具（如航空工业上的飞机机身截面的框架），原来用人手来制作手办工期特别长，做得不好还得重做，不但费时而且成本很高。但是如果用 3D 打印，很快就能做出来了。如果不满意也没关系，修改数据重新打印，随意改动没有关系。

那打印"组合件"行不行呢？组合件就是由几个同一种材料的零件组成的部件。用 3D 打印一点困难都没有，不是一个一个零件制造完再组装，而是一次性直接打印出这个组件来，不需要组装。这是在机械工业上从来没有过的事。

下面举例说说 3D 打印技术在多个领域里的可能应用。

我的目的是通过这些例子让我们开阔视野，获得灵感，获得启示以便去创新一片属于自己领域的新天地。

在航空工业方面，航空发动机里最难加工的是叶片，今天已经能用3D打印的方法生产出来。前年国际航空展中，一些航空发动机里面的叶片和后面的喇叭形喷嘴，都已经用3D打印出来了。叶片的材质特殊，比如是钛合金，只要有这种材质的金属粉或合金的粉末，一样可以打印出来。参展的几个大公司都用上了3D打印技术，很了不起。

3D打印在航天工业上的应用还表现为美国研究出火箭发动机喷嘴的3D打印。测试台上展示3D打印的喷嘴完全合格。此外，还专门研究了用3D打印制造一个表面是网状结构的空心小球体。我们都知道，要实现宇宙航行，宇宙飞船一定要轻，如果是钛合金就比较轻，但还要求结构强，又强又轻，怎么办？科学家研究认为，将来宇宙飞船的外壳结构应该是一种内部是网状的结构，这种网状的结构是用钛合金或者什么轻质的合金做成的。美国著名的橡树岭国家实验室专门研究了这种高强度的网状结构的3D打印，他们设计了一个直径为16毫米的网状的空心球体，网孔非常小，网孔直径和网线都不到1毫米，居然用3D打印制造出来，非常有意思。可以说，除了3D打印可以做到，任何别的什么技术都毫无办法将其生产出来。

还有，航天器穿过大气层时外表温度会很高，但是内部是室温。航天器上有些零件必须接触这两面。这种零件的设计就必须考虑到金属的受热膨胀遇冷收缩的情况。温度高的一面尺寸因受热膨胀变大了，而靠舱内只是室温，靠舱内那面的材料膨胀很小，技术上我们说这会产生一种"应力"。如果不考虑它，将来会出问题。设想一下，耐高温的一端的材料（如陶瓷材料）和接触室温的金属材料（比如不锈钢），两种材料能不能用环氧树脂黏起来呢？这从航天工业角度来看应该是很不靠谱的事。一旦两种温度下产生的热膨胀各不一样，那其中的环氧树脂在应力作用下就黏不住了。我告诉大家，今天的3D打印可帮大忙了！美国科学家想到用3D打印制造这个零件。靠高温那一侧选用低膨胀系数的材料打印，如什么合金，而低温一侧则没什么膨胀发生，就用膨胀系数一般的材料（如不锈钢）来打印就好了，这个部件的一面可以承受高温，但另一面只承受室温，是一个完整的部件，中间再不需要用黏合剂了。这个创造十分重要。一个零件的整体有两种不同的材料，等于是两种不同材料的无缝连接，这是传统的机械制造所不具备的，只有 3D 打印可以做到。

再说说 3D 打印在汽车工业上的很多应用。如气缸的模具制作。四缸的缸体，六缸的缸体，手工开模具多难啊！美国福特汽车公司用 3D 打印搞定了，大大推进了新型汽车产品的设计制造过程。

在机械加工业上，3D 打印也有很多优势。一个零件的设计不止画图那么简单。工程师、设计师还必须懂得具体的加工工艺，以便其设计能够付诸实施。如一个螺杆的设计，必须考虑到端部要留有"退刀槽"的位置，要不然工厂里的车工无法加工。但是今天，用 3D 打印一个螺杆，根本不用刀具加工，所以根本无须退刀槽。所以，机械加工领域用了 3D 打印，一些设计简化了，实用多了。

在设备维修方面，3D 打印非常有用。我国经济建设发展速度很快，进口过很多大型机械设备。那些易磨损的零部件总要坏的，维修行业少不了。坏了的零部件，进口一个价格很贵，国外的厂家出售零配件，就是用高价格来赚钱的。今天有了 3D 打印，我们是不是可以考虑把易损的部件拿下来测试，按照它的尺寸使用 3D 打印呢！我告诉大家，好好掌握 3D 打印吧，这也是一个生财之道！

在日常生活领域，应用 3D 打印的例子就更多了。如，打印一双鞋。显然要按照脚的形状与尺寸去制造，而不是通用尺码。3D 打印很方便了。鞋店里是不是该出现 3D 打印服务呢。我这里有很多照片，都来自国外的 3D 打印参展公司。如可以用 3D 打印机打印一个你自己。技术人员拿起三维数码相机（立体扫描）即时获得你的外部轮廓数据，一天之内就能做出你的立体人像或者头像。又比如，有人曾经去欧洲阿尔比斯山景区滑雪旅游，回家之后很想获得这个名山的模型放在家中作为纪念，一间做教学模具的公司想到，这可能是一门生意，随即从 Google 网上取下这个名山的三维数据，缩小比例之后打印出来。

通过刚才的这些例子，可以感觉到未来我们的制造业又增加了一个伙伴，不是切削，也不是粉末冶金，而是 3D 打印。任何物体，不管多复杂的结构，只要人们能够想出来，3D 打印都能实现。

接下来介绍 3D 打印的几种成型的技术。

第一种叫"选择性激光烧结"技术，工件的成型过程已经在上面讲过了。

第二种是"熔融层积成型"（FDM，Fused Deposition Modeling）技术。这种成型技术所用的材料是聚酯、ABS一类的热塑性材料，把这些物料做成丝状，粗细大约是毫米级。这种丝状的热塑性材料从带有加热器的打印头挤出时，被加热到一百多摄氏度，使之熔融，就是使这些条状可塑性材料变得软化并且刚刚可以从打印头挤出来。打印头按照计算机控制而运动时，挤出的热塑性物料就像挤牙膏似的沉积到工件的下层相应位置，然后因为散热快，材料便冷却固化下来。还是一样在CAD设计出来的信息控制下由点到线、由线到面，"分层打印，叠加成型"。

这种成型技术，不需要激光、电子束等高科技，只需把物料做成丝状，在进入打印头后即被加热到熔融。所以打印机可以做得很小很便宜，因而最容易普及。很多公司用这种小型又价廉的3D打印机做塑料玩具、小工艺品、个性化的小礼品，或者什么临时需要用但又不容易买回来的小物件。一些企业做塑料模具的手板，做ABS的零部件，都是用这种3D打印机制造出来，一样的机器，同样的方法，完全可以用熔融层积成型技术制得。如今市面上已经有这种3D打印机销售，售价一万元左右。有些中小学也开始购买它，用来给学生打印一些个人设计的小型艺术品，让学生充分发挥想象力，体验3D打印新技术。

这种技术有一个问题，就是当一些工件的上层尺寸大于下层时，打印上层材料时就出现因没有支撑而悬空的状况，而此时物料还未完全固化，这种情形一旦出现就会导致加工完的工件变形。所以，高档的打印机要有两个打印头，其中第二个打印头同第一个打印头一起工作，但专门打印支撑材料。待CAM工作全部完成后只需去掉支撑件。新一代的两个打印头的打印机已经改进，其所用的支撑材料是水溶性的，当打印完成之后，把工件放到水里，支撑材料就溶掉了。

第三种是光固化成型（也叫"立体平版印刷"，英文是SLA，Stereo - Lithography）技术。这就是本人一开始向大家介绍的、香港生产力促进局当年引进的设备，所使用的材料是液态光敏树脂。这种液态树脂的特点是在紫外线的作用下会固化。只需调试好紫外激光的焦点，在层叠式信息控制扫描之下，其焦平面上属于产品的那些部分树脂就固化。同样是"分层打印，叠加成型"，固化了的树脂堆积成一个产品。不过产品不是那么强壮结实，但是做模具样板还是既快又好的。我曾亲手操控过这样的机器、打印出人物的头像，表面也光滑，效果可以接受。

第四种叫选择性激光熔覆（SLM, Selective Laser Melting）技术，称"激光熔覆技术"就可以了。让我们回过头来再看第一种"选择性激光烧结"这种技术。它可能会出现一个缺陷，就是当激光功率不足或不稳定时，或者当激光扫描太快，在焦点上停留时间太短，其温度不足以使得焦平面上的金属粉末完全熔融的时候，金属粉颗粒表面只是勉强黏在一起，这意味着将来的成品会出现空洞，导致结构强度下降，这就糟了。今天，科学家发展了一种新技术，叫作"激光熔覆"，避免了这个问题的出现。这一技术的关键是使用了一个既能喷金属粉又能输出功率激光束的打印头。"打印头"（喷头）的轴心位置是一束轴向射出的激光束，但围绕着轴心的是喷射金属粉的同轴管子，喷嘴在射出激光束的同时喷出金属粉，设计这个喷嘴使得喷出的金属粉正好落在功率激光束的焦点位置上，这样功率激光焦点的高温正好将喷出来的金属粉熔融并牢牢地敷在下层的工件上，这叫"激光熔覆"过程，很好地解决了金属粉末烧结过程中出现似熔非熔状态带来的问题。当然，打印头也是受到 CAD 分层信息控制，实现"分层打印、叠加成型"的。

上面讲了这么多，都是从技术原理入手来介绍这些 3D 打印技术，其实还有一些知识，在此我就不详述了。总之，只要掌握一点，凡是"分层打印，叠加成型"，就是 3D 打印技术。我希望大家能从这些例子里得到启发，回去结合自己技术工作的实践去创造出一套适合自己所在领域的 3D 打印机。

最关键的是材料。

3D 打印技术所能使用的材料，有金属粉末、合金粉、陶瓷材料、热塑性材料，如 ABS、尼龙材料等。材料是 3D 打印的关键。其实今天已经有很多工厂、公司都买了 3D 打印机，不过最可惜的是制作物品的材料都要进口。要根据材型选择，还需要与打印机配套，很麻烦。每一款 3D 打印机都有自己的运行参数，所以要求配上这家公司自行发展的打印材料，如果塑料工业部门、厂家能够研究出 3D 打印的丝状材料，将能带来丰厚利润。又如金属粉、合金粉，我国对金属粉、合金粉的研究与生产还很不够。生产金属粉的设备、机器也是很有学问的。我国的相关产业企业还需要大踏步跟上。外国还研究出很多材料，包括支撑材料——如刚才介绍的可溶性材料。我国 3D 打印行业企业还需要深入研究各种不同的材料及其烧结、融合、熔覆等物理过程。

3D 打印技术是新兴技术，到今天还在发展。所以这里还要讲一讲我所体会的 3D 打印技术的局限性。首先是速度与表面质量的矛盾，这一点比较突出。你想加快制造速度？那只好减少打印层数。这样一来表面就粗糙了，你只好打磨表面。其次是对于上述各种各样的 3D 打印，其重复性有问题。今天我用这组参数加工打印，明天换上你来操作机器，就可能无法调试到我原来使用的那组参数来运转。换句话说，行业加工标准难以制定。不过随着技术的进步，这个问题有一天能解决。还有一些，诸如选择性激光烧结，如何避免工件加工不出"内伤"，是要认真研究的。

3D 打印新技术的出现，对不少行业产生了冲击。这一点也体现在陶瓷行业中。陶瓷制品，特别是工艺陶瓷制品的生产就是个例子。我国有几个很有名的"瓷都"，景德镇陶瓷、佛山陶瓷和唐山陶瓷。但今天的陶瓷工业一下子就被 3D 打印技术冲击了，总有一天陶瓷行业要面临重整。在利用 3D 打印技术进行打印（如杯子）之前，先要将准备好的陶瓷土填入到一个就像打针筒一样的管子里，再放上一块瓷片封堵管子的端口，这就是"打印头"。就像挤牙膏似的，控制压缩气体将管子里的陶瓷挤压出来就可以 3D 打印了，也是一层一层地将陶瓷材料叠加上去，"分层打印、叠加成型"，很快就能做出一个任意形状的杯子。

广东佛山的陶瓷全国有名。那里有个陶瓷研究所，也在开始研究 3D 打印技术生产陶瓷日用品和艺术品。他们已经在研究适合于 3D 打印技术的陶瓷材料。这非常必要。一直以来，我们还在依靠许多掌握着传统技术的老一辈陶瓷工人用祖传下来的方法制作陶瓷器具。而今天 3D 打印技术的出现给我们的陶瓷工业带来了震撼！传统工业面临着挑战，这是个必然的过程。时代在前进，新技术在不断涌现，任何企业、任何人特别是技术人员都必须明白"逆水行舟，不进则退"的道理。

3D 打印技术还带动了医疗行业的变革。

　　你听说过打印膝关节的事儿吗？有些老年人爬楼梯困难了，运动、走路一瘸一拐的，就是因为他的腿部膝关节磨损严重，医学上称这是一种退行性的疾病，无法靠自身修复了，这给许多老年人的生活带来不便。医生总是嘱咐老年人要"省着用"。能否将磨损了的膝关节修复？3D 打印技术发挥作用了。美国的骨科医生做了成功的尝试，按照病人膝关节磨损部位的尺寸做出修复设计，把其中的 CAD 信息发送到专用的 3D 打印机，把它"打印"出来，为病人接上去，分毫不差，加上"润滑剂"，人工膝关节解决了。有个视频画面就是病人自述他的 3D 打印的膝关节装好后居然可以打高尔夫球了！

　　在医疗领域，外科医生居然想到用人体细胞通过 3D 打印方法做出人耳的耳廓，还有打印一个肾脏等。老年人经常吃一大堆药品和保健品，外出旅行都得带着很多不同的药品，每天吞咽很多药品也很不方便。外国一家公司立即想到设计一种打印机，将这个病人要吃的各种药的粉末分别放在各自的"打印头"，定量"打印"到一个药格子里，成批压制再用一层糖衣裹着就行了。

　　3D 打印技术的的确确是多种技术相结合而产生的奇迹。其实单独看 3D 打印的各个环节中，打印机并没有什么特别的，没有什么新意，但是丰富的想象力结合数字信息技术、计算机软件、CAD/CAM、激光熔融、电子束加工等这些高科技，就产生了奇迹，在诸多行业领域里出现了变革。

　　3D 打印技术将来会不会替代传统的机械加工业呢？我的看法是，不会，也不必要！用什么方法制造产品更便宜、更快，是可以选择的。没必要非得是一种替代另一种。

　　想想未来，3D 打印技术的出现和发展，会不会是人类社会发展史上的第三次工业革命的先导呢？虽然这只是一种分析，但是这的的确确是制造业的一种非同小可的大变革，为人类带来了新的制造技术。总之，它打破了机器制造业的传统，再也不必只是传统的车、模、刨、铣了。它的出现，确实改变了我们传统制造业的流程，再也不必用人工去磨磨蹭蹭做模具样板，还能大大缩短制作周期。这一点必须看到：3D 打印技术的出现，把世界推进到一个快速制造的时代。许多行业已经意识到不断革新的紧迫性了，你看，传统的机械加工方式受到冲击，陶瓷行业变了，制衣行业变了，玩具行业变了，特别是建筑行业变了，还有新的服务业诞生了。

还应该看到，3D 打印技术给材料科学、生物科学、技术科学带来了翻天覆地的变化。大家从新闻报道里已经知道，人工耳朵、肾，甚至复杂的印刷电路板都可以打印出来了。在之前的讲座中，我也讲过 3D 打印房屋的例子。这是建筑行业的革命。我告诉大家一件事。有一位教授听过我关于 3D 打印房子的介绍，就问我"陈教授，这房子你敢住吗？"这位教授或许很怀疑 3D 打印造出的房子是否安全，今天我要说，你可别小看未来年轻一辈的智慧。3D 打印房子的技术必将被后来者不断完善。总会有那么一天，整个建筑行业再也不需要铺砖的工人了。这一天一定会到来！

基于以上对 3D 打印技术所做的介绍，我们应该有怎样的思考呢？在本讲座即将结束之时，我想向大家说几句关于创新的话。不但我们自己应该在"创新驱动，转型发展"的伟大战略中积极行动起来，同时也要让我们的后代建立创新的意识。这些我相信大家都明白！在此我只想特别强调，大胆展开想象十分重要。我们国人在"富于想象"这方面要向外国人学习。今天我们司空见惯的普通物品，那些看似平常的各种技术，其实不一定永远都是现在这个样子，我们完全有可能改变它。你看盖房子的方法，从古到今总是一块砖一块砖地垒。谁怀疑过呢？谁想过盖房子的方法也能改？但有人就敢想，敢改变这个方法。这就是创新！创新就是想别人没有想过、做前人没有做过的事情。我们就是要鼓励大胆展开想象，去开创未来！

人类的未来就在你们年轻人的手里，希望年轻人学会大胆地展开想象，激发创意！我从 3D 打印说到人类的未来，只是想用这些例子来告诉大家，我们人类的前途是光明的！